博物馆里的中国与世界

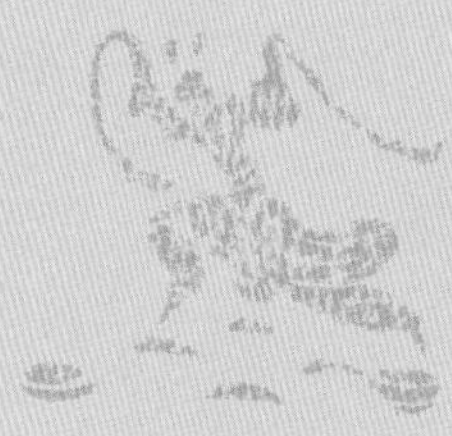

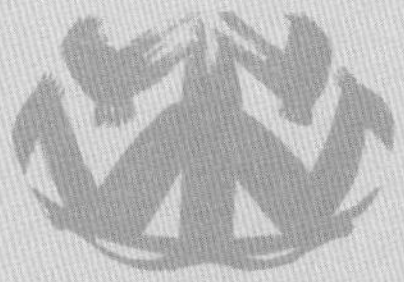

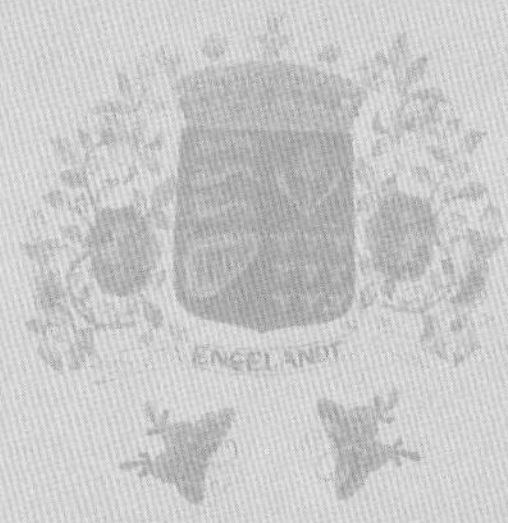
ENGELANDT

看展去

丁雨 著

博物馆里的中国与世界

广西师范大学出版社
·桂林·

关于《看展去》

扬之水

　　首先感谢本书作者赐予这样一个机会，使我有可能把自己的一番心思，或者说是遗憾表述出来，多年想写而未能写成，却把这么好的题目拱手让贤，难免有点不舍，但终究后生可畏，其实是满心欢喜的。

　　二十五年前追随遇安师问学，很长一个时期内，参观博物馆是一项重要的教学内容，以此深感这是一个几乎不可少的学习方式。不过那时候国内的多数博物馆都还是冷清的所在，当日的中国历史博物馆、今天中国国家博物馆也不例外。基本陈列之外，很少举办各种专题的临时展览。印象中，参观都是要买票的，五元、十元、二十元不等。很多博物馆不允许拍照，便只能以画图的方式记录所见，以至于养成习惯。这一习惯一直保持到二〇〇六年。那一年一行二十多人往闽北窑址考察，参观博物馆，我依然驻足于展柜面前在本子上勾画展品，同行的李旻博士说："为什么不用相机来记录？"这以后方由画图改为拍照，也因此逐步积累起图像资料。二〇一五年初秋往天津博物馆参观，与一位年轻的老朋友相遇，其时他刚调到一家出版社主政，向我约稿，于是脱口而出："可以写一本《参观去》。"他听罢大喜，说这个选题就算说定了。一晃数年过去，虽然至今没有停止看展的脚步，但是《参观去》却一个字也没写出来。最大的问题，是我的看展完全局限于"小我"，关注点集中在自己感兴趣的问题，几乎无暇旁顾。此外不得不坦率承认，自己实在缺少活泼生动、合于当代节奏的文笔。

几年前的某一天，在常年订阅的《北京青年报》上看到一整版某个展览的介绍文字，先浏览了中间几个段落，发觉很有学术含量，而不是常见的泛泛之谈，于是从头看起，一篇读竟，知道我的《参观去》尚未登场，已经败下阵来。再看署名，原来是我早就认识并且很是佩服的一位年轻学者：丁雨。

公众考古听起来容易，做起来难。策展人都是想讲故事，故事是否人人可以听懂，并且了解情节设置的奥妙，则大费周章。丁雨博士的看展，不仅读懂策展人讲的故事，而且以自己的体验和知识讲述了新的故事。从南方到北方，从陆地到海洋，从国内到国际，纵横捭阖，出入东西，下笔游刃有余。丁雨博士有着国内和国外的考古实践，自然是下笔之际的底气。虽然他讲述的故事我并不陌生，但对从一个新奇的点切入的叙事，却每每有一种新鲜感，情不自禁跟随"入话"进入正题，跟随他在历史语境中读"物"。也可以说，作者是用"物"来思维，由星星点点的"物"，结作一张网。专业知识打底，遂有本领把握不同展览的"戏核"，依林构宇，建起慧眼下的脉络和情节，但见屋联山崦，旁通曲畅，处处风光。

专题展览不同于电影可以反复放映，即便巡展也有一定的时间限制，于是随着撤展，现场也就消逝。《看展去》却是以一种特殊的方式为公众保存了精彩的场景，留下一份值得回味的历史记录。

读物，也是读书。评展，也如同写书评。作为一个新的写作题材，我以为，《看展去》会给看展人的关注点和相应的思考带来变化。

庚子芒种

目 录

壹　你的样子 /1
　　中华的模样 /3
　　帝国时代的开启 /14
　　画中的"三观" /27
　　从寻宝到寻真 /39
　　后现代主义的城市 /51

贰　走四方 /57
　　中原的声音 /59
　　越地长歌 /69
　　在天路上 /82
　　三晋的色彩 /96
　　谁的宝贝 /104
　　河西走廊的历史重影 /115

叁　无问西东 /127

　　胡不归 /129

　　亚洲内海 /139

　　巨镇风流 /150

明明异彩纷呈，何来"千山共色"？ /159

　　在那遥远的地方 /169

肆　何以 CHINA /181

　　幻彩茶思 /183

　　秘色人间无 /193

　　宋磁の美 /203

　　谜之哥窑 /212

　　龙泉天下 /222

　　孪生与镜像 /230

图片来源总览 /241

后　记 /253

壹

你的样子

中华的模样

展览名称：美·好·中华——近二十年考古成果展
展览地点：北京　首都博物馆
展览时间：2017年5月18日至2017年8月27日
展品数量：360件（套）

中华，仿佛是个再不能更熟悉的概念。可中华是个什么模样呢？或许你会想起五岳峻岭，想起长江黄河。这般大好河山，今日确实已成中华的象征。可地球之上，何乏河山？只是因为不同的人群、不同的文化，河山才有了分别。只是因为华夏子孙世居于此，长江黄河于中华才有了别样的味道。文化的创造，让这片土地与众不同。

那么什么是中华的模样？一个时代接替着一个时代，一层黄土覆盖一层黄土。在不同时代人们的想象里，它有不同的模样。在人们不断的探索中，它又不断浮现出曾经的模样来——那既是它的沧桑模样，也是我们眼中的新鲜模样。首都博物馆2017年5—8月举办的"美·好·中华"展，汇集了近20年来考古工作中新发现的众多文物，带领我们一同回看那被层层尘土封存的记忆，回看中华被我们遗忘的美好模样。

一、根的模样——寻源溯流

展览序厅令人惊艳。入口如洞口,"仿佛若有光",似可曲径通幽,令人心生桃源之盼。"洞穴"两侧墙壁营造成层层堆积的地层〔图1〕,并标注以年代。这让从下到上、由早至晚的考古学、地层学概念一目了然,也暗示了本次展览文物的来源和题旨。而空中则飘荡着写有20年来发掘的遗址名称的透明条目〔图2〕,既如地下世界的璀璨群星,照亮未知的过去,又如招魂的小幡,呼唤往日的光彩。

"复行数十步,豁然开朗","美·好·中华"四个红字悬置空中〔图3〕,细看文字,并非整体,而是用一个个笔画模件构成,既有立体的视效,又暗含隐喻。海德堡大学美术史家雷德侯在其名作《万物》中曾提出,中国艺术的一大特色,就是模件化生产,从汉字到图像,从兵马俑到青花瓷,从青铜器到印刷术,概莫能外。"美·好·中华"四字以笔画模件构成,或许也希望以此形式,隐喻"美·好"背后的运作机巧和营造理念。围绕着主题红字,序厅半周陈列了此次展览各个时代的代表性文物,来为观众预热。在文物背后的薄幕背景上,播放着一个个飞升的文物图像,飘飘然如文物的魂魄羽化登仙。这种手法所酝酿的神秘氛围,"引诱"着人们一探详情。

所有的故事,都有一个起头。中华,也有它最初的神态。展览将时代标题投影于地面,作为展览单元分割的提示,别出心裁——厚重的土地默默承载了华夏祖先,又默默保存了古风遗韵,直到今人寻寻觅觅、蓦然回首,又慷慨地把记忆归还,引导我们垂首礼敬先人的开拓。

史前时代的主题为"道法自然"。史前时代初生的人类,想要生存,必须学会与自然相处。这其中包含着无奈,也包含着敬爱。唯有承认自己的渺小,才能发现自然的伟大,才能发现伟大的规律,才能发展自己的潜能。

在风雨山林的孤苦无助之中,华夏的祖先并非只是抱怨悲鸣,总有

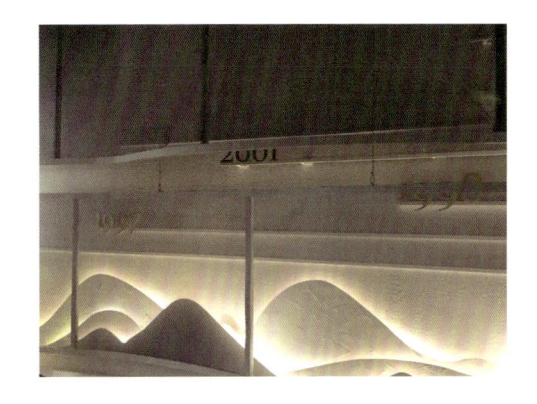

图 1 墙壁的地层设置

图 2 悬挂的透明条目

图 3 "美·好·中华"

人沉心观察。自然所赐予的一切,既能够伤害人,却也能够给人庇护和便利。道法自然,所师法的是自然;师法之前,先要凭着长久的经验,发现和验证规律。石头的碰撞产生火花,石头的磨砺产生形状,石头中更有温润晶莹,于是磨石作玉;土在水中可以塑形,土在火中可以变硬,于是取土制陶;树荫洞穴能遮阳避雨,那为什么不能建屋造舍?在创造之中,中华之美渐露萌芽。陶器可盛饭取水,史前生活艰难,温饱难料,可就算箪食瓢饮,饮食之间,先民仍然为陶器绘上了颜色和图案(图4),寻找生活的趣味,更在具象的模拟中发现了抽象的规律。彩陶之上,种种抽象的点、线、面,原来不过是对花鸟鱼虫的追摹(图5)。体味自然之时,先民也在一步步迈向自然的内核。

在中华的物质文化中,玉器具有特殊的意味(图6)。美好光洁的石头,坚致细腻,在后世中往往用来比喻君子美好的品德。这一价值判断,应当追溯至史前玉器文化的极大发展。史前时代的人发现了玉,还发展出切、琢、磨、碾、钻、雕、镂及抛光等技术把它们加工成玉器,用于佩饰,追求个人生活的品质;也用于礼仪祭祀,用于对自然的供奉和崇拜。

在自然的威慑与压力之下,华夏祖先人心团结,建立起自己的组织和秩序,并以严密的组织和秩序,来对抗敌人与灾害,适应自然。在这个过程中,玉有了更重要的作用——曾经用来防御野兽、防御外敌的兵器,曾经有着吉祥寓意的图腾,都成了人心团结的象征。工具和那些动物形象是次要的,它们背后团聚人心的组织和权力,才是华夏社会前进更重要的东西。权力的象喻,需要足够精致完美的物件,来承载整个社会的向心力。玉,成为了历史的选择。

譬如良渚文化的玉琮、玉钺,伴随着众多玉器一并出土,彰显着墓主人非同一般的地位。而玉琮呈现出的规矩、稳定的造型,和谐、对称的图案布局,更成为后代礼玉的模仿对象。今天我们所能看到的玉器,并不如想象的精美,但它背后所凝聚的力量,却引人遐思。后来的中华,成了礼乐之邦,温润如玉的气质,成了华夏民族内心深处的自我认同。从前的一切,没有文字,没有录音,没有记录,只剩下这些零星的残陶

图 4　彩陶盆
　　　庙底沟遗址出土

图 6　玉猪龙
　　　牛河梁红山文化遗址出土

图 5　从具体图案到抽象图案

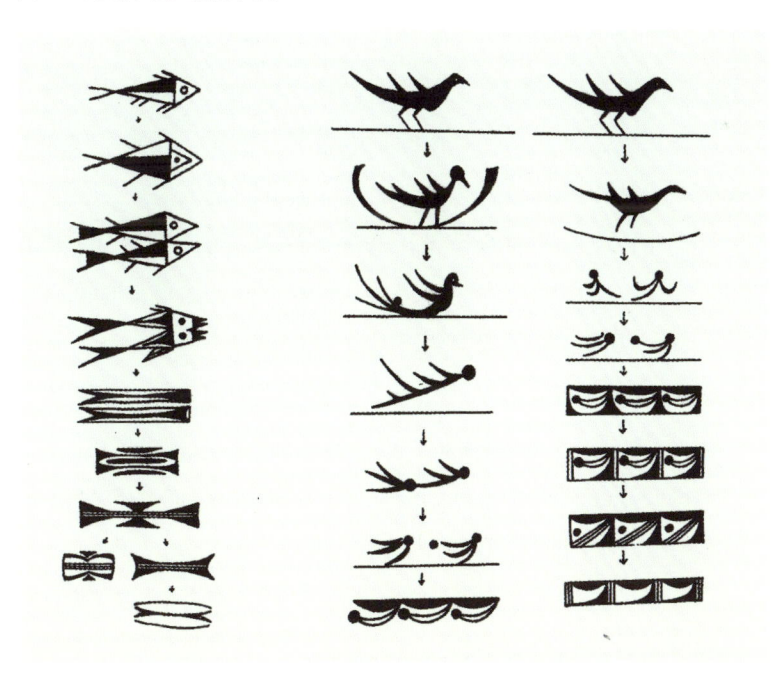

碎玉。但5000年前中华大地四通八达、盘根错节的文化根系，却在这迷雾中的点滴形象里，显露着筋骨的模样。

二、心的模样——崇礼作乐

文化的根系蔓延生长，至三代而成礼乐。第二单元赋名"天地之道"，可见夏商周时期的中华在师法自然之后，终于寻到了与天地相谐的路径。这路径，便是礼乐制度。礼乐器物的核心则是青铜器。

在充分吸取了史前陶器与玉器的造型、图案的营养之后，青铜器一跃而成国家重器，成了国家政权的象征。商代礼器以酒器为多，如殷墟遗址商王武丁之妻妇好墓出土的青铜礼器中，四分之三皆为酒器，可见一斑。展览集中展出了一批同样出土于殷墟的大司空村的商代晚期青铜酒器，包括觚（图7）、爵、斝等重要器类，它们是商代礼器组合的中心。大司空村遗址与殷墟小屯宫殿宗庙区隔河相望，多年来已经发现了制铜作坊、制骨作坊、大型夯土建筑群和数以千计的商人墓葬。这一遗址的出土物自然可以作为商代青铜酒器的典型代表。

周代汲取商代的亡国教训，对饮酒有所限制，于是礼器便以食器为核心。食器之中，又以鼎簋组合为重中之重。鼎大约是人们最熟悉的青铜器器形，后世中国以九鼎象征天下，争夺天下便是问鼎中原。这般重器，自然引人关注。鼎的地位在周代达到了巅峰，但其出现却要追溯至史前的陶器。我们今天最熟悉的鼎或许是方方正正的后母戊方鼎，但史前时代的鼎却多为三足炊器（图8）。三足求其稳定，求其下方有生火的空间——说起来，不过是个三足锅罢了。这样的鼎到三代时期也屡见不鲜。商汤重臣伊尹原是厨子，他说治国如同烹饪。烹饪用的大锅日后成为国之重器、国家象征，大约是此语最好的注脚。

青铜礼器备受关注的部分是器物的装饰纹样。最突出的纹样当然是兽面纹，也称饕餮纹。早期的兽面纹突出兽首，神似史前时代良渚琮王

图 7　铜觚
　　　大司空村遗址出土

图 8　青铜鼎
　　　大司空村遗址出土

的兽面，又如二里头绿松石镶嵌的铜牌。兽面巨大而狰狞，令观者惶恐。有学者认为，以兽面纹为青铜器的主题纹样，正令礼器增添了神秘而令人畏惧之感。商代晚期的青铜器繁缛诡奇，至西周装饰风格则为之一变，其纹饰日渐趋于简化而华美，更增图案趣味。如展览中出土于湖北叶家山曾侯墓地的一件西周早期青铜觥(图9)，器体为动物造型与酒器的结合，前为圆雕兽首，器身密布兽面、凤鸟纹，在纹饰之间并未进一步补充辅

图 9　西周早期青铜觥
湖北叶家山曾侯墓地出土

助纹样。整个器物虽仍有威势，但纹饰已趋简化，兽首表情颇有趣味。它所反映的正是变动时代青铜器风格的过渡性。

夏商西周三代延承与变革，终于形成一套合乎"天地之道"的礼乐制度，黄钟大吕，振聋发聩。春秋战国，诸侯纷起，礼崩乐坏，四方青铜礼器花样迭出。此后中华，再也未能尽复周礼。然而这套礼乐制度，却成为后人面临纷乱格局之时、身处黑暗情态之际不断回溯的终极理想。此后历代的仪轨形式，虽顺势而变，却无不以此为蓝本参考。形式在变，崇礼作乐之心却千年不改。从中央到地方，从贵族到平民，由礼乐而天、地、人、神相谐的盼望，成了华夏子民心中的底色，至今仍在青铜器的青芒上闪烁回响。

三、脚印的模样——陆海汇通

内心有所安定，脚步便有了方向。汉唐宋元帝国一统，南北互通，足迹更遍及海外。运河驰道，纵横南北，车马船舶，更达海外。张骞凿空，玄奘西游，鉴真渡海，郑和远航，华夏子民的足迹在大陆上极尽延

图 10　蹀躞金玉带
扬州隋炀帝陵出土

展,而陆海之间的通途,又被一位又一位不避艰险的前贤踏出。前贤已矣,可供追溯的,唯有南来北往、东西交汇的货品、意象和思想。

　　展览中有一条蹀躞金玉带(图10),看上去并不起眼。不过,它原应身份显赫——它出土于隋炀帝的陵墓中。历史中的隋炀帝,毁誉参半,不过大运河的开通,确实是无法否认的成就。南北大运河的开凿,成就了后来的"扬一益二",也成就了晚唐五代时期影响力可达东非沿海的海上丝路。这件蹀躞金玉带,便是帝国融汇南北的证据,也透露着帝国开放胸襟的端倪。蹀躞带原非中土之物,而是来源于北方草原文化。它能够悬挂钥匙、佩剑、小工具、饰品等物件,具有很强的收纳功能。从南北朝时期起,它开始流行于汉地,而扬州隋炀帝陵中出土此物,更可见南北文明交流的影响程度。到隋唐时期,蹀躞带是官阶的象征。如隋炀帝的这件蹀躞金玉带,便是目前国内唯一一件完整的十三环蹀躞带,代表了带具系统中的最高等级。在华夏的模样里,这便添上了一道亮丽的妆容。

　　将中国模样延展至海外的代表,莫过于陶瓷。从晚唐开始,中国陶瓷生产百花齐放,而海外市场却自有一番选择。15世纪之前,畅销于印度洋沿岸的主要是青瓷产品。质量上乘的青瓷如冰似玉,与中国从史前时代就几乎确立的审美标准暗合。后世更愈渐将玉推崇为君子之质,这

图 11　刻花双鱼纹折沿盆
　　　 龙泉大窑枫洞岩遗址出土

图 12　青白釉弥勒佛像
　　　 集宁路古城遗址出土

更让青瓷留下了中华文化独特的烙印。以越窑青瓷和龙泉窑青瓷(图11)为代表的青瓷产品在海上丝路乃至草原丝路前后约 500 年的畅销,让那时的世界看尽了中华的模样。便如汉时西来的佛教思想,到宋元明清之际,也寄寓在青白瓷质的佛像(图12)之上。中与外,物与思,融合一体,难分难解。

展览的展厅也试图从形式上烘托统一帝国时代的开放与包容。在汉唐展厅上方,并以一盏圆灯暗示明月,高照在丝路驼队和亭台楼阁的剪影上(图13),暗示着汉唐的陆上丝路。而在宋元明清展厅的末尾,则绘饰扬帆起航的船体(图14),一个个展柜窗口成了大船的舷窗,展示着远销海外的中华美器。读万卷书修心,行万里路修道,这原本便是中华子民要历经的沧桑。而陶瓷件件,便是他们步履不停,历练出的模样。

中华到底是个什么模样?书里的模样,土里的模样,还有那些我们不知道的模样。考古人的手铲不停,想看看根的模样,想抚摸心的模样,想丈量脚印的模样。它们曾经不言不语,它们至今无声无响。只是等待你有心走过,发现它的美好模样,照出我们自己的模样。

图 13　汉唐展厅上方的剪影

图 14　宋元明清展厅的船影

相关图录

首都博物馆：《美·好·中华——近二十年考古成果展》，文物出版社，2017 年。

帝国时代的开启

展览名称：秦汉文明

展览地点：北京　中国国家博物馆

展览时间：2017年9月17日至2017年11月30日

展品数量：300余件（套）

秦王扫六合，建立了超乎时人想象的统一帝国。刘邦建汉400年，则让这新鲜的"统一"沉淀成华夏子孙传承的信念。秦汉帝国，虽早已在年轮的周而复始中沉沦为字里行间的遐想，但引人入胜的传说和田间地头的破砖烂瓦，却偏又不甘寂寞，偏要在今人心头喧哗描绘着帝国曾经的荣光。2017年9月，中国国家博物馆举办的"秦汉文明"展览，集中了几十年来全国出土的秦汉精品文物，让人们纵情一览2000年前中华大一统国家初生岁月的辉煌与风采。

一、帝国雄姿

秦汉帝国的"开幕式"，离不开秦军雄兵百万气吞山河。展览便以5件神态各异的兵马俑开场。

虽仅有四人一马（图1），亦具威势。倘若曾亲临陕西兵马俑坑现场，便可知成千上万类似兵马陶俑排列所能带来的震撼。然而震撼之余，却不免扪心自问，秦俑究竟是凭借什么成了秦汉文明最具代表性的象征，又是凭借什么征服了它的观赏者们呢？

其实，如果将秦俑与其他朝代的陶俑并列而观，便可知多数俑类都是对现实的微缩，而与真人真马比例、大小相同的陶俑在中国历史中实属罕见。秦陶俑尺寸如此之大，气势自然更胜一筹。而更为难得的是，如若仔细观察，则可发现秦俑其实"似是而非"——展览中的这几件兵俑或站或蹲，衣帽形态各不相同——而在数以千计的"人潮"中，亦无表情或动作完全相同的两个兵马俑。虽然兵马俑原有的颜色几乎皆因年代久远或出土氧化消失殆尽，然而时光为其"敷"上的灰色，更让其具备了黑白历史影像般的冷峻。秦俑军队由此而更加贴近虎狼之师的气质和现实感。

图1　秦兵马俑
秦始皇陵兵马俑1号陪葬坑出土

实际上，以兵马俑开场，深意不只一层。兵马俑模拟的是秦汉帝国的"武功"盛势，而其制造生产则蕴含着帝国内部精密的"文治"肌理。生产兵马俑绝非易事。就技术而言，大型陶器的制造相比于一般陶瓷，在成型、烧制方面都面临更多的失败风险。因此兵马俑并非整体烧成，而是组装成型。以战袍将军俑（图2）为例，其一般由足踏板、双足、双腿、躯干、双臂、双手和头部七部分组成。每一部分皆单独生产，再进行组装。组装对工匠之间的配合提出了很高的要求，各部分之间的尺寸大小必须经过严格的标准化设计，否则便无法进行衔接。虽然是标准化成型，各部分构件的外观仍有微小变化，如发掘者便区分出2种脚、3种鞋、8种躯干等等，每种又可细分为几种类型。变化最丰富的是头部，共有8种，面部五官也可再分为几类。虽然看上去类型极为有限，但如果按照排列组合的方法进行组装，则足以让兵马俑的形象千变万化。同时，兵马俑皆为工匠手制，这既对工匠队伍的管理和生产线的组织提出了极高的要求，也在一定程度上保证兵马俑绝不可能达到完全一致。工匠在制作过程中，必然有细节刻画的简单调整，由此兵马俑的形象便获得了无穷无尽的可能。

就规模而言，这支地下军队的建立，正体现出帝国强有力的生产组织和后勤保障。兵马俑的背后是数量庞大的工匠队伍。生产线的设计、原料的采集、施工的安排、工匠的吃喝拉撒，全都与兵马俑工程的成败息息相关。而这还只是秦帝国秦陵工程中较小的一部分。帝国初立，以雄兵征服四方，武功显赫，而在这类工程建设中则同样显示出帝国巨大的组织力量。以兵马俑揭开秦汉文明第一单元"文治武功"的序幕，或许正有此深意。

沿展线纵览，秦诏陶量（图3）、青铜诏铁权（图4）、青铜方斗（图5）、青铜尺等物首先映入眼帘，这些正是秦汉时期所用的度量衡器。度量衡器外表平平无奇，却于第一单元的展示中一马当先，耐人寻味。帝国组织宏大的工程，所仰赖的是人与人之间的沟通与配合，而沟通配合的第一步，便是制定同样的标准。几件文物的展示，实则揭晓了兵马俑等众多工程得以成功兴修的关键与内核。正是这影响深远的决策，让帝国得

图 2　秦战袍将军俑
　　　秦始皇陵兵马俑 1 号陪葬坑出土

图 3　秦诏陶量
　　　山东邹城纪王城出土

图 4　秦青铜诏铁权
　　　甘肃省天水市秦城区出土

图 5　新朝始建国元年（公元 9 年）青铜方斗
　　　中国国家博物馆藏

以于东方迅速崛起。

　　始皇之后，天下纷争，中原羸弱，匈奴却出现了一代英主冒顿单于，乘势称霸于北方。即便是汉高祖刘邦，白登之围后，也不得不对匈奴俯首和亲。汉朝初立，国势尚微，此举实属无奈。至一代雄主汉武帝即位，深以此为耻，且匈奴在北方的压迫，也极大地阻碍了汉武帝成就一番帝王之业的雄心。因此他发动马邑之战，再次揭开了与匈奴数百年战争的序幕。汉军对战匈奴，战备方面最大的劣势便是马匹。中国本无良马。若仔细观察兵马俑中的马俑或西汉初年的陶马（图6）、铜马，便可总结出当时马匹的特征：头大、腿短、脖子粗，活脱脱的"马版"武大郎。中原内战之时，各方拥有的马匹品种相似，倒也难见分别。然而遭遇游牧民族之后，却发现人家不仅弓马娴熟，还拥有产自西域的秘密武器——"天马"。"天马"产自大宛，它的另一个名称"汗血宝马"，因金庸先生的"宣传"更具知名度。"天马"腿长、胸宽、屁股大，是建立强大骑兵

图6　西汉陶马
江苏省徐州市羊鬼山汉墓出土

图7　东汉青铜马及牵马俑
四川省绵阳市何家山2号崖墓出土

部队的必备马匹。想要一举攻破匈奴,至少要把军备提高到同等水平,才能够避免过度的人力牺牲。而汉武帝为求天马良种,不惜与西域盛产良马的大宛一战。几次远征损失万人,获得良马数千匹,牺牲不可谓不大。"天马"等优良马种的引进,对汉代马种的改良起到了很大的作用,一定程度上也影响了战局与国际政治的走向。马的变化,遂成为一种颇具时代性的代表。汉武帝统治后期出现的马匹形象(图7),多以"天马"等骏马为代表,呈现出与之前不同的特征。从一匹匹凝固于嘶鸣的骏马身上,我们看到的是帝国蓬勃向上的伟岸身影和积极开拓的时代精神。

二、灯火琳琅

宏大的历史叙事之下,是日常生活的涓滴细流,汇成了一个时代的丰满与完整。今天的我们,已无法尽览秦汉生者的生活趣味,但却可以从他们死后的世界中，窥探他们曾有过的巧思与品位。沿着展线前行，便进入展览的第二单元"长乐未央"与第三单元"事死如生"部分，而氛围也从宏观叙事，转换到万家灯火的喃喃细语之中。

最引人注目的自然是国宝级文物长信宫灯（图8）。长信宫灯出土自满城汉墓 M2，即中山靖王刘胜的妻子窦绾之墓中，与身裹金缕玉衣（图9）的女主人曾长相厮守千年。此灯大名鼎鼎却难得一见，此番现身国博，自然引得众多参观者驻足围观。实际上，长信宫灯有诸多细节，颇耐人寻味。此灯铜制、外表鎏金，出土时灯各部分已分散于地面，现在所见

图 8　西汉长信宫灯
　　　河北省满城汉墓 M2 出土

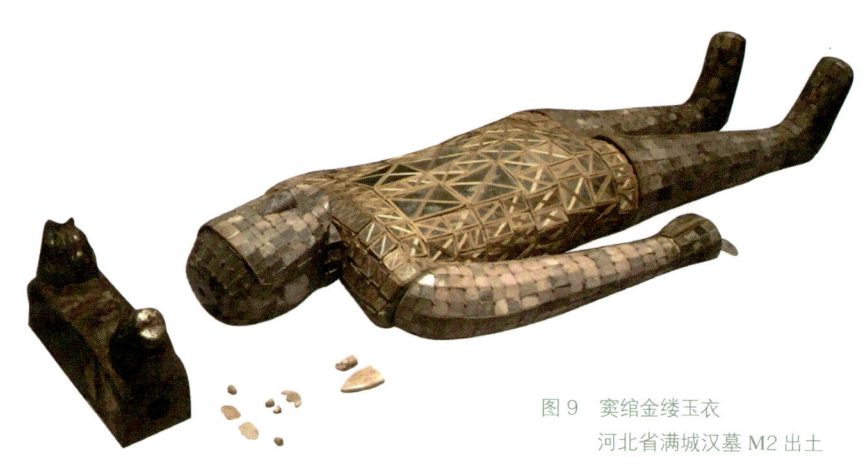

图 9　窦绾金缕玉衣
　　　河北省满城汉墓 M2 出土

为重新修复组装而成。细看此灯可知，全器为组装而成，实际分为头部、身躯、右臂、灯座、灯盘、灯罩6部分。展览下方配有器物线图，揭示此物内部实为中空。这种设计，其实与灯的功能密切相关。长信宫灯为当时上流社会流行的釭灯。这种灯装有烟管，可将燃灯产生的烟气导入器体腹部，而器体腹中则往往盛水以溶解烟气，这样既能达到照明的效果，又不会产生室内污染。由于器体能够拆卸，因此在使用之后还可拆开清理烟灰，进行清洗，由此实已足见时人匠心。长信宫灯于此更有增补。其灯盘中心设有烛钎，灯盘设有短柄可以转动，另在盘上安装两片屏板，可左右推动，用以调节灯光照射的方向和亮度。设计精妙之外，此物造型与人物形象均颇为传神，举灯宫女双眉微蹙，如怨如慕，如泣如诉，惹人怜惜。若回溯到使用它的场景，烛火辉明，映在鎏金器表之上，更增光亮，而少女面庞端庄沉静，于黑暗一角，令人心安。若不仔细观察，可能很难发现，长信宫灯器体共有9处刻铭，包含"阳信家""长信尚浴"等字样，可见此灯至少先后流转于阳信侯家、长信宫、中山王府3处。小小一盏釭灯，却数易其主，所透露出的既有阳信国除的政局变化，也显示出长信宫窦太后与窦绾非同一般的关系，更彰显出上流社会对此物的共同欣赏。

除了设计精巧的釭灯，更能增加室内华丽气息的是秦汉时期的多枝灯。多枝灯灯枝多在3个以上，甚至有些达10余枝，将各枝灯火全部点亮，则光影煌煌，摇曳多变，极具情调。展览中展示有一件河南汉墓出土的彩绘多枝陶灯（图10），制工极精。它上下分为3层，可拆卸。灯座塑山川河流，其间分布有人物野兽，灯枝承盘形态多姿，更分布有羽人神仙等形象。此物用于墓中，可以想见灯影幢幢为灵魂升仙之途营造的神秘氛围。古人事死如生，升天登仙实为生人死者的一致追求。夜幕降临之时，华灯初上，或许正是在虚实之间放任这种想象最好的情境吧。

古灯未亮，今灯满堂。灯火辉映之下，阿房宫中的玉杯（图11），似待斟满；西王母头顶的摇钱树摇曳生姿（图12），或为祈福；博山炉烟雾未起（图13），却似已有暗香盈怀；马蹄金熠熠生辉（图14），仿佛那时升仙的梦

图 10　彩绘多枝陶灯
　　　河南省济源市桐花沟 10 号汉墓出土

图 11　云纹玉高足杯
　　　陕西省西安市秦阿房宫遗址出土

图 12　西王母陶座青铜摇钱树
　　　四川广汉市万福镇出土

图 13　青铜骑兽人物博山炉
　　　　河北省满城汉墓 M2 出土

图 14　马蹄金
　　　　江西省南昌市海昏侯墓出土

想仍历历在目。帝国的色彩，便在大地渐次吐露的斑驳光点之中，拼凑成立体而丰满的花火，充盈于展厅之中，绽放在我们的视线里。

三、大道通西

秦汉帝国并非只有内自求索的创造。帝王的开疆拓土，让各种各样的民族文化与地域文化进入人们的视野。而张骞具有战略意义的"凿空"，则进一步打开了帝国开放的孔道，一条历经艰险的道路，走的人多了，也变成了络绎不绝、熙熙攘攘的商道——丝绸之路，更让遥远的人群与文化，顺着沙漠的边沿，追随着绿洲，来到了中土，并在各式各样的器具上，留下了他们的痕迹。

汉武帝时，唐蒙、张骞等人先后发现西南地区存有夜郎、滇、且兰、邛君等小国。这些小国君主与汉地无直接道路相通，原不知有汉。因此当汉使来访之时，滇王与夜郎王均问询使者：汉孰与我大？由此便留下

图 15　鎏金青铜双人盘舞扣饰
　　　　云南省晋宁石寨山 13 号墓出土

"夜郎自大"这一成语。之所以将嘲笑的对象定为夜郎而非滇国,姑妄论之,或许是因为在汉军平定西南的战争中,滇王举国投降,颇得汉武帝嘉许。展厅中展示的滇王金印与司马迁所记汉武赐印之事丝丝入扣,可见彼时帝国的触角确已掌控了西南区域。军事、行政力量的扩张虽似轻而易举,文化的演进与互动却非一朝一夕可以完成。云南地区多年来发现的秦汉时期的遗物,呈现出与中原地区迥异的风格,其中不乏精彩之作。如云南省晋宁石寨山出土的鎏金青铜双人盘舞扣饰(图 15),两佩剑男子,双手各持一盘,相背起舞,足下还踩有一蛇,形象滑稽活泼,极具地方特色。在云南地区的众多雕饰中,蛇的形象频频出现,或许正代表了当地某种精神信仰。最具地方特色的青铜器具除扣饰外,还有储存贝币的贮贝器。不过,至东汉之后,随着与汉地文化交流日深,云南青铜器的乡土特色便日渐衰减了,风格渐渐与汉地一致。

　　张骞通西域是秦汉乃至中国历史上具有标志性意义的开拓活动。虽然汉武帝派出张骞的最初意图,仍是出于对战匈奴整体战略的考虑,但张骞出使所获得的成果,远远超出了预期。其以一己之力,开辟了通往西域诸国的陆上丝绸之路,中西交通自此绵延不绝。从西域传至汉地的不只有骑兵秘密武器"汗血宝马",还有至今脍炙人口的葡萄、石榴、苜蓿等物种和种种鲜为人知的珍奇。海昏侯墓出土的两件鎏金青铜骆驼形钮钟架构件（图16）便是其中值得玩味的器物。这两件骆驼的形象是流行于中亚、中国西北地区的双峰驼。双峰驼自张骞"凿空"之后才多见于中原，因此骆驼形象的出现，正证明了丝绸之路的热闹。而骆驼形构件以鎏金青铜制成，出现于皇族墓中，亦表明了贵族阶层对西域外来之物的极大兴趣与珍视。

汉代并非仅有陆上丝路，海上丝路此时亦已萌芽。江苏省大云山西汉江都王陵M1出土有一件鎏金青铜座银盒（图17）或许便来自海上丝路。其青铜器座应为汉人后配，但器表装饰的凸瓣纹则遮掩不住西方文明的背景，银盒器形以锤揲技术而成，而此类技术当时则流行于地中海沿岸和波斯地区。广东南越王墓出土有同款银盒，两个时代接近的沿海地点出土有类似产品，或正暗示着此类器物的来源与物流通道。

图16　鎏金青铜骆驼形钮钟架构件
　　　江西省南昌市海昏侯墓出土

图17　鎏金青铜座银盒
　　　江苏省盱眙县大云山江都王陵M1出土

宏大的帝国总会让人充满遐思，又让人无从认识。统一国家的青春期里，虽曾认真规划铁血军队勇武的形象，却仍旧把稚拙的痕迹留在了度量衡器的粗糙中；也曾想要自立于世，纵天马驰骋于天海之际，却仍不免遭遇残酷的战争洗礼；也曾点燃一把星火，照亮满屋的黑暗，将光明映照在她的脸上，却仍在她紧锁的眉宇中，找不到突破的方向；索性奔向远方，自我放逐，却无意间发现新的天地和更大的世界。初生的帝国，既有青春的悸动，也有青春的热忱，既饱含年轻的懵懂，也无法抑制喷薄而出的活力。这红色展板围成的文物城堡，令人血脉偾张，梦回那个激情燃烧的秦汉世界。

相关图录

吕章申：《秦汉文明》，北京时代华文书局，2017年。

延展阅读

［德］雷德侯：《万物：中国艺术中的模件化和规模化生产》，张总等译，生活·读书·新知三联书店，2005年。

中国社会科学院考古研究所：《满城汉墓发掘报告》，文物出版社，1980年。

画中的"三观"

展览名称：中国汉画大展

展览地点：北京　山水美术馆

展览时间：2018年3月12日至2018年4月9日

展品数量：587件（套）

国之大事，在祀与戎。古人将祭祀与战争并列，足见其重视程度。正因如此，用于祭祀礼仪之物，往往为时代精华，如夏商周三代之青铜器，又如汉代之画像石。画像石，常见于墓室、祠堂、墓阙、庙阙等地，与丧葬礼仪密切相关，自然非同凡响。早在宋代，李清照之夫赵明诚在《金石录》中便提及汉代武氏祠堂的画像石，时至今日，画像石的发现早已成千上万，流布广泛，类型丰富，其数量、品质、影响力，足以为两汉艺术代言。

然而，在现代考古学传入之前，对画像石材料信息的收集立足于拓片，往往缺少出土背景和整体环境信息，这使得一张张画像石拓片陷入孤立，宛如两汉时期一个个散乱破碎的单词。然而若将这些单词汇聚成流，则亦有可能为我们重构出穿越历史的门户。2018年3月，中国汉画学会便在北京山水美术馆主办"中国汉画大展"，进行了一场近似于汇流的尝试——将散落于全国各地的画像石拓片汇聚一堂，带领观者领略画像石中的两汉。步入展厅，宛如走进由画像石构建的历史之门，我们能够观览到的或许不仅仅是两汉先民生活的剪影，更有2000年前人们心中隐秘而多彩的精神世界。

一、人生观与世界观——亡者的留恋与心愿

死亡宛如离别。离别之际，于流连已久的人生，总有恋恋不舍之意。既然要上路，到陌生的远方去，少不了带上此生此世，自认为最精彩的瞬间和最宝贵的东西。由此，两汉先民数不尽的"生活照片"，便一笔一画地留在了石头上。

对于勇士而言，最值得夸耀的或许是勇敢，汉代勇士更胜武松，有人左手斗牛，右手搏虎（图1）；有人刚败一狮，再战一牛（图2），轻松自如；更有勇士互相不服，于是约架一场，却不愿透露胜负（图3）。对于丈夫而言，或许妻子心怀憧憬，双手在织机穿梭之时，最有幸福铭心；对于妻子而言，或许与丈夫闲暇时刻，举案齐眉，小酌一杯，常有甜蜜心头徘徊（图4）。花天酒地的贵族，纵然离世，自然也仍幻想能有宴乐百戏、莺歌燕舞（图5）。建功立业，拼搏一世，不过是想做个安乐富家翁，好不容易建起来的高楼广厦（图6），怎愿轻易放手？……形形色色的愿望与惦念，便留下了形形色色的断面，说不清是墓主人自己难断舍离，还是营墓子孙的孝心奉献，无论如何，对这些场景的选择和截取，留下了那时的社会百态，并透露着人们对于现实世界的认知与态度。

既然尘世已无可挽留，倒不如憧憬和想象那未知的世界。展望未来，谁不愿奔赴更美好的地方？人世间匆匆一遭，不免有种种缺憾，既如此，死后奔赴仙境，想来应另有一番风景。秦汉之时，自皇帝以下，谁不对仙境心怀向往？秦皇、汉武英明一世，但只要听闻"长生不老""仙丹灵药"，便如堕魔障，难以自拔，听凭一拨拨方士骗子装神弄鬼，任其摆布。

图1 斗牛搏虎图
　　南阳市汉画馆藏

图2 斗牛搏狮图
　　南阳市汉画馆藏

图3 手搏
　　南阳市文物考古研究所藏

图4 宴居图
　　　萧县博物馆藏

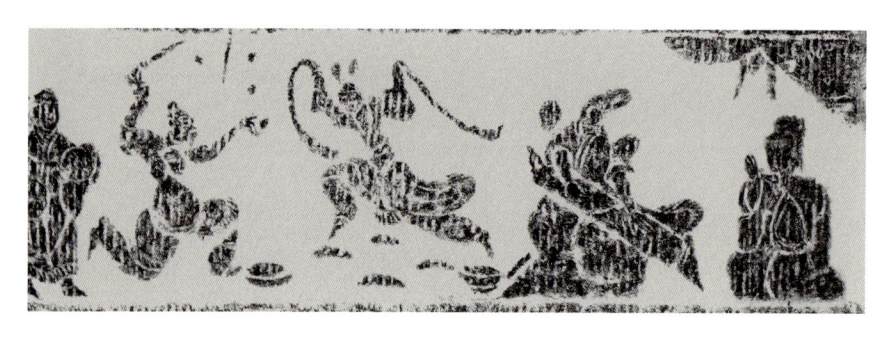

图5 舞乐图
　　　南阳市汉画馆藏

图6 楼宇栉比图
　　　徐州汉画像石艺术馆藏

秦皇不忿方士行骗卖乖，愤而"坑儒"；汉武却在怪力乱神之间晕头转向，因为迷信巫术，而废掉太子，父子刀枪相见。执着于神仙巫道而为祸于此，亦足见神仙方术影响之大、植入人心之深。皇帝尚如此着迷，何况他人？虽然无法如皇帝般挥金访仙，然而于生死关头，制订死后的旅行计划，略表愿望，却是常人也能做到的事情。于是秦汉百姓心中宏大而神秘的仙境，在各地的画像石上，揭开了朦胧的面纱，竟呈现着相似的模样——这大约便是帝国统一在幕后无心的"导演"力量。

既然想要奔赴仙境，那么该如何操作呢？若单看画像石，则或略觉散乱，但如果结合其他汉代图像和文献中的只言片语，则或许能获得串联理解画像石的线索。长沙马王堆1号墓出土的T形帛画（图7），常被学者解释为墓主人的"升仙路径说明"。据研究者推测，墓主人应当是需要通过服神药、登仙山的步骤，方能够上九天，并变形为仙。马王堆1号汉墓帛画为西汉前期产物，它所描绘的升仙之路想来应当受到地域和时代的局限。不过既然目的地相同，则条条大路通仙境。画像石中也少不了种种关于升仙关键步骤的描绘。在画像石中，常见有人乘坐神兽所拉车辆，行色匆匆，目的想来也应是踏上仙途，早见仙人。而事关升仙，有些画像石却表达得相当含蓄。如画像石中常见的"泗水捞鼎"题材（图8），其典故原本出自《史记·秦始皇本纪》，讲的是秦始皇巡游至彭城时，听说泗水中有周鼎，命令千人捞鼎却最终失败之事。鼎一向象征世俗权力，捞鼎失败似乎颇不吉利，更与丧葬无甚关系，但这一题材却

图 7 马王堆汉墓 T 形帛画线图

图 8 泗水捞鼎
　　青岛汉画像砖博物馆

在各地拓片中屡屡出现，令人倍感蹊跷。但据台湾学者邢义田研究，表现"捞鼎"，并非意在再现始皇故事，而在于升仙。不少捞鼎画面中，可见有龙自鼎中出现，而龙实际上正是引导墓主人升仙的神兽之一，如在洛阳卜千秋墓壁画中，男主人便乘龙登仙。如此一来，题材的重点，由捞鼎失败转移至得道升仙，自然备受欢迎。由此可见，为了升仙，画像石的创作者们可谓大开脑洞，各显神通。

令人心荡神驰的仙境，会是什么模样，又会有些什么样的仙人呢？太阳上的金乌（图9），月亮上的蟾蜍，是不是在仙境便触手可及？青龙白虎、朱雀玄武，是否汇聚一堂，一同嬉戏？今天的我们渴盼拥有隐形的翅膀，大概是因为在想象里天使拥有真正的翅膀。汉代之人与我们不谋而合。于是，在画像石中，便能看到成群的"雷震子"挥动翅膀，在天空翱翔。神仙的名字或许不能全部知道，但仙界的大神，却是无人不晓。大名鼎鼎的西王母，怎能不在画像石上现身呢？

生死亦大矣。生死之际，不免让人浮想联翩。对于现实世界的观察与回忆，对于神秘世界的想象与憧憬，在思绪翻滚之时，或许都能够冲

图9　阳乌图
南阳市汉画馆藏

淡这场即将开始的孤独旅行的焦虑与不安。那就把这些都牢牢地记住吧——于是，在一张张画像石的拓片上，天上地下，凡人神仙，展厅中的我们看到了他们的整个世界。

二、价值观与道德观——留给生者的遗产

留在地下世界中的画像石，并不想被人们看见——那只是死者和死者亲属隐秘的愿望。这些画像石的功能，更多的是帮助亡灵寻求安稳理想的所在。但出现在地上祠堂等建筑上的画像石，却是明确留给生者的精神遗产。长辈放不下的总是儿女子孙，而能够留给子孙最重要的遗产，或许并非金银珠宝、万贯家财，而是一辈子亲身学习实践领悟到的经验与教训。马齿渐增，絮叨啰唆也与日俱增，但老人们深知年轻人的健忘自矜，就算说得再多，又如何放心得下。终于有一天说不动了也无法说了，那便让这些没有说尽的话，留在祠堂中吧，让孩子们每年祭拜自己之时，仿佛仍能听得到自己的谆谆嘱托。

山东武梁祠的画像石，或许是汉代画像石中最负盛名的一套。对画像石的研究，由它开始，千年来对画像石的研究，也以对这一个案的研究最为深入。此次展览之中，赫然可见武梁祠画像石拓片，令人眼前一亮。展览展示出武梁祠东壁、西壁、后壁三面墙壁主体画像石拓片（图10～12），这是武梁祠中规模最大的一个装饰单元。三面墙壁的画像石被分为等高的四层，每一层中均描绘出众多人物。在很多人物旁边，题刻有文字，标识了画像石刻画的人物身份。从这些文字中，我们可以明确地看到，这些被刻在祠堂中的人物包括了帝王、列女、义士、忠臣等等。而在这些历史人物的身上，或许寄托了武氏家族先人想要留给后人的箴言。

武梁祠的西壁共描绘出11位帝王，除了交缠在一起的伏羲、女娲、祝融、神农，还分别刻画了夏朝开国之君禹和末代君王桀。除了根据帝王的事迹设计帝王的身姿之外，还在榜题旁特意标注出帝王的功绩，

只有亡国之君桀，除名号外，别无题词。在传统的历史叙事中，三皇五帝等古代贤王是世间万物关键要素的创造者，如伏羲画卦结绳、神农辟土种谷，这些事迹推动了历史的发展。因此古代帝王的形象在汉代图像资料中屡见不鲜。帝王形象的出现，表明画像石图像的策划者，试图从历史和整个社会的高度为祠堂的瞻仰者们树立榜样。贤王功德、昏君教训，为历史的发展曲线奠定基调，是不应当被忽略的，但具体到个人道德与行为的规范准则，却需要在列女、义士、忠臣的形象中寻找答案。

时代的境况，并不会因为个人的意志而转移。子曰，天下有道则见，无道则隐。面对不同的世道和境遇，如何判断，如何选择，或许对于个体来讲才是真正的考验。武梁祠中标识着不同的列女、孝子、忠臣、刺客故事，将焦点集中于汉儒总结的"三纲"之上。君臣、父子、夫妇关系，或许是常人在生活中不可回避的基本人际网络，而对这三种关系的处理，

图 10 武梁祠后壁拓片
山东石刻艺术博物馆藏

图 11　武梁祠西壁拓片
　　　　山东石刻艺术博物馆藏

图 12 武梁祠东壁拓片
　　　 山东石刻艺术博物馆藏

正是品质修养的起点。在武梁祠画像石描绘的33个故事中，如相如奉璧、董永葬父、鲁义姑姊、荆轲刺秦，贫富贵贱皆不相同，行为事迹亦不相同，但却同样可以受到后世的尊重。设计者想要传达的恐怕不仅仅是忠孝节义的道德内核和价值选择，一再地举例可能还想要告诉后世子孙：在不同环境之下坚持这种价值观和道德观可以有不同的方式。一以贯之的道理和不厌其烦的事实列举，在精心设计而又无言无声的画像石上，透露出的或许正是逝者之于生者难以割舍的浓浓亲情与关爱。

子曰，未知生，焉知死。此言若换一种角度理解，大约也可认为，知生方知死。人们如何看待人生，便会如何想象死亡。用于丧葬的画像石留存的汉代"人死观"，不过是人生观的另一种投射。人生如此复杂，有太多的东西无法用言语表达。更何况，在文盲率居高不下的古代，又有多少人能依靠文字表意与沟通？这样的境遇，或许也决定了人对于鬼神的想象。正因如此，画像石——这些构建亡者空间的刀笔刻绘，为亡者、生者和想象中的世界提供了最佳的表达方式。而当画像石留存至今，以拓片的形式呈现于今人面前之时，载体的替换、岁月的痕迹、整体性的消解，又让今日的观者之于画像石有了新的玩味和领悟——用略做改编的经典诗句，或许最能说清：一石一世界，一画一天堂，双手抚无限，刹那是永恒。

延展阅读

[美]巫鸿：《武梁祠：中国古代画像艺术的思想性》，柳扬、岑河译，生活·读书·新知三联书店，2006年。

信立祥：《汉代画像石综合研究》，文物出版社，2000年。

邢义田：《画为心声：画像石、画像砖与壁画》，中华书局，2011年。

从寻宝到寻真

展览名称：寻真——北京大学考古教学与科研成果展
展览地点：北京　北京大学赛克勒考古与艺术博物馆
展览时间：2018年4月28日至2018年10月15日
展品数量：370余件（套）

说起考古，说起文物，直到今天，仍逃不开一个"宝"字。从多年前热播的《鉴宝》到2018年大火的《国家宝藏》，就算大家伙儿的注意力从文物的价钱转移到了文物的历史、科学、艺术价值，但是，"宝"字当头，仿佛仍然是难以避免的套路。2018年4月，北京大学赛克勒考古与艺术博物馆为学校120周年献礼的"寻真——北京大学考古教学与科研成果展"似乎也透露出对"宝"的重视。展览以北京大学历年来主持或参与过的"全国十大考古新发现"相关文物为主线，重述古史，似希望通过"十大发现"来突出北大考古成就之大。而在前一轮的宣传中，更以借展山西博物院国宝级文物晋侯鸟尊作为展览看点。初看之下，不由令人陷入迷思："考古不是挖宝"与"考古不是盗墓"并列，早已成为众多公众考古媒体的"起手式"，可怎么到头来，中国考古的最高学府仍要以"宝"来引人眼球？

在笔者看来，珠光宝气之下，策展者不过是故布迷阵。想要一探究竟，就得拿出考古学人的看家本领"地层学"，来一一剖视展览"一言难尽"的多个面向。

一、夺　宝

步入展厅，首先便看到国宝晋侯鸟尊顾盼生姿(图1)。以这样一件国宝开场，意蕴非常。从鸟尊的形体来看，此尊的匠心在于，不仅整个形体铸成凤鸟，刻以鳞羽，惟妙惟肖，更是在尊盖处铸出小鸟形盖钮，仰视回首的大鸟，与之呼应。双鸟一大一小，张力十足。而将此尊陈列于"教学与科研成果展"这一主题之下，不仅透露出师生互动的隐喻，更暗示着一代代后辈站在前辈肩脊之上的求索。二鸟昂首向上，又推动视线层层上升，仿佛渴望着不断攀升，搏击真理的长空。而顺着大鸟的视线，看到的则是1922年北大国学门同事的大幅合影(图2)。国学门下设的考古研究室，正是今日北京大学考古文博学院的前身。国宝今生之来路，在这样的展览场景之下，昭然若揭。

展览形式的巧妙设计，韵味丰富，但除了形式美之外，鸟尊这件国宝究竟有何内涵，得以被北大选中，作为整场展览的镇展之宝？这特殊的地位，来自鸟尊本身独特的价值和坎坷的身世。

晋侯鸟尊出土于山西曲沃晋侯墓地，上有铭文"晋侯乍向太室宝尊彝"(图3)，标识此器为西周时期晋侯燮父于宗庙祭祀时所用的礼器。三代之间，"国之大事，在祀与戎"，作为祭祀天地神祖的美器，礼器是国家大事的象征，自然非同凡响。而此器的鸟形又暗示了晋国的由来。据《史记·晋世家》，晋国的分封来自孩童间的一场游戏。周成王幼年即位，未谙政事之时，与弟弟叔虞玩耍，周成王把一片桐叶裁成玉圭的形状，对叔虞说，我拿这个分封你。叔虞非常高兴，赶紧告诉了当时摄政的叔

图 1　晋侯鸟尊
　　　　晋侯墓地出土

图 3　晋侯鸟尊铭文

图 2　1922 年北京大学国学门同事合影展板

叔周公旦。周公旦郑重其事地找成王对质，成王当即就慌了，忍着肉痛争辩说，我们闹着玩儿呢呀。周公旦严肃地教育成王说，君无戏言。便把唐封给了叔虞。叔虞之子燮父即位后，改国号为晋。这事虽重在展示周公旦为教育成王治国煞费苦心，但亦透露出晋侯的高贵出身。周室将兴，凤鸣岐山。周人以凤鸟为图腾，晋侯以鸟尊奉宗庙，这就从实物角度佐证了史书，证实了晋侯与周王室的血缘关系，由此昭示了两周风云大国晋国的源流。正因如此，鸟尊价值独特。然而前世地位的显赫，却也引来了今生故事的坎坷。

2000年9月，曲沃县公安局在审理一起盗墓案件时，意外地了解到1998年曾有盗墓团伙在曲村天马遗址晋侯墓地范围内盗掘大型墓葬一座，墓葬中出土了玉戈与铜器。公安局当即把这一情况通报给了常年主持曲村天马遗址考古工作的北京大学考古文博学院和山西省考古研究所。得到消息的考古者们在惊讶、愤怒之余，似乎又有一些无奈——这不是晋侯墓地第一次被盗了。

晋侯墓地所在的曲村天马遗址发现于1962年，发现之初便被专家认定为是一处以西周晚期遗存为主的重要遗址。1979年，北京大学教授、学界公认的"夏商周考古第一人"邹衡先生率领北京大学考古专业学生和山西省考古工作者对曲村天马遗址进行了调查与试掘，确认这是一处与两周时期晋文化密切相关的重要遗址。从1980年至1992年，北京大学与山西省考古研究所合作，邹衡教授等人先后6次带领北大考古专业学生在曲村进行考古专业实习，在取得丰硕成果的同时也培养了大批的学生。但是从1986年开始，北大师生和山西的考古工作者面对的就不仅是艰苦的田野考古学习与工作了。盗掘之风日甚一日，至20世纪90年代初已经令人发指。据说当时的盗墓分子是全副武装，配有枪支弹药，有些盗墓分子甚至大摇大摆地住在考古队的驻地旁边，方便打探消息。据北大教授徐天进描述，1992年4月3日，他和刘绪教授勘察盗掘现场，4月4日陪同邹衡先生再去勘察时又发现了新的盗洞，据现场窑工说，就在4月3日晚发生了枪战。而在当年8月，晋侯墓地的M8被盗，14件

图 4　未被盗走的晋侯编钟
晋侯墓地出土

晋侯编钟（图4）流落到香港古玩肆。盗墓愈演愈烈，重要遗址毁坏严重。邹衡先生为抢救文物四处奔走，生命安全甚至还受到了盗墓分子的威胁。这样的形势迫使北大和山西当地的考古工作者们加快步伐，对晋侯墓地进行了多次抢救性发掘，挽救了大批文物。

然而依然有墓葬未能躲过劫难。2000 年发现的这座被盗墓葬，现场的情况令人痛心。种种迹象表明，被盗的很有可能是一组晋侯及其夫人墓。盗墓分子采用爆破的方法盗墓，导致现场一片狼藉，众多文物粉身碎骨。这件晋侯鸟尊就在盗洞附近，鸟尾部与尖喙部也被炸残，展览中展出的另一件同墓鸟尊则直接被炸成了碎片。正因为经历坎坷，对于北大考古人而言，晋侯鸟尊就更有一番特殊的意义。三代考古人扎根山西近 20 年，筚路蓝缕，考古寻根，和穷凶极恶的盗墓分子赛跑，有时着实是在枪口之下"夺宝"。它的出土，不仅是北大考古人才培养历程的缩影，同时也标志并时刻提醒着一代代考古学人的责任与勇气。

二、寻　真

夺宝急切，所为何事？心心念念，不过是寻根求真。考古人心中之"宝"，与常人的理解不尽相同。真正的"宝"，是携带着大量历史信息的文物。金银财宝固然夺目，但若残垣断壁、破铜烂瓦能够开口说话，也堪称宝物。考古学者孜孜以求的，便是在形形色色的文物上再度"挖宝"，尽可能地榨取其中所包含的古代信息，然后将这些"宝"组织起来，为人们展示出那曾被人渐渐淡忘的丰满的历史场景。考古人探宝、挖宝、夺宝，所想要追寻的不是"宝"本身的耀眼，而是淳朴厚重的真实历史。

或许有人会疑惑，中国史籍卷帙浩繁，难道这些记录还不足以重现昨日吗？实际上，文献之于复原历史至少存在着两大局限：一来，早在数十万甚至数百万年前，就已经有人在东亚大陆安居乐业了，而我国有文字的历史仅有4000年，在这4000年中，直到晚近的2000年以来，文字材料才日渐丰富。文献记述的历史时段相对于人类血脉的延续传承不过是冰山一角。另一方面，历史文献毕竟是当时历史学家的主观叙述。历史学家虽然尽力想要秉笔直书、全面记录，但仍要对史料进行筛选和辨析，在这个过程中，有很多我们关心的资料和信息会被遗漏和淘汰。因此，我们从史料中看到的历史，只是历史的一种脉络，绝非全部的曾经。甚至有些时候，历史的记录者还会出于某种目的篡改历史的真相。因此，早在20世纪初的时候，中国的史学家们便焦虑于传统史料的使用局限，而山重水复之际，带给他们柳暗花明的希望的，正是考古学。

比如，展览第四单元"秦汉唐时代考古"便从物质文化的全新角度，为我们诠释了史书中的秦、戎故事。说起秦国，或许我们会觉得相当熟悉，它是战国时代的超级大国。至秦始皇时，"奋六世之余烈，振长策而御宇内"，更是建立了中国第一个大一统王朝。这段史实为众人所熟知。可如果真的刨根究底，问一问秦人究竟从何而来、秦人究竟是何种族、秦人的生活细节……恐怕多数人会一时语塞。秦人尚且如此,史书中频频出现却又语焉不详的戎,恐怕更会令人迷惑。由北京大学考古文博学院参与的"早期秦文化课题组"自2004年起,便开始了对秦文化以及西戎文化的考古探究,取得了一系列重要的发现。展厅中所见的石磬(图5)和甬钟(图6)均出土于甘肃礼县大堡子山遗址5号器物坑。这个坑出土有3件体量巨大的铜镈、8件甬钟和10件石磬,后被研究者确定为"乐器坑",它位于被盗的秦公大墓的西南20余米处,据推测应当是用于祭祀。这处乐器坑是目前发现的年代最早的与秦人相关的大型祭祀礼器坑,而这种葬坑制度也极为少见。这处发现,让我们看到了"虎狼之国"彬彬有礼的另一面。早期的秦人同样制礼作乐,虽然在春秋时代的秦国尚处于华夏边缘,但面对天地祖先,秦人同样虔诚庄重。

图5 石磬
　　　甘肃礼县大堡子山遗址出土

图6 甬钟
　　　甘肃礼县大堡子山遗址出土

与秦人的镈钟相比，戎人的豪车配件，显然更为酷炫（图7）。展厅中心展柜中的一组金器（图8），便来自甘肃张家川马家塬墓地。根据出土遗迹的综合信息，研究者认为这处墓地当属于某支西戎。这些墓葬透露出，那些为中原华夏大国所不屑而又畏惧的戎人，乃是爱车一族。墓葬无论大小，几乎都要以车马殉葬。而高等级墓葬所出车辆，装饰奢华，往往以金银箔装饰（图9）。有学者认为，马家塬墓地的族属极有可能是战国晚

图7　车舆栏板装饰
　　　甘肃张家川马家塬墓地出土

图8　金腰带饰
　　　甘肃张家川马家塬墓地出土

图 9　虎形金箔
甘肃张家川马家塬墓地出土

期的义渠戎，若果真如此，则义渠王或许正是以这般豪车载秦宣太后芈八子徜徉于西北山岗之上。马家塬发现的车辆不仅为我们勾绘了西戎的侧脸，还留下了古代中西交流的朦胧图景。从马家塬的车辆复原情况来看，其单辀双轮的车式与中原各国类同，金银装饰的做法似为当地习俗，而金银箔片做出的虎、大角羊等形象又来自中亚草原。这种车辆，乃是中西文化碰撞交融的产物。从这个层面来看，这些遗物留给我们的不仅是历史场景、人物风貌的断面，更是探究历史动态演进的重要线索。考古希望寻找到的真实，不仅是史书遗忘的宁静画面，也是生机勃勃、发展变化的过程，更是动态过程中所显现的历史规律。这样的雄心，谈何容易。正因如此，展览的第三条暗线，便意图述说，北大考古人在寻真旅途上的开山辟路。

三、开　路

所谓开山辟路，其实体现于两点。一是培养一代代踏上"光荣荆棘路"的有生力量。展览于序厅之中以时间轴（图 10）集中展示了 1922 年以来，北大考古专业的发展历程和人才培养情况，其中有几个值得关注的时间节点。1922 年，北京大学国学门下最早设立考古学研究室，开始

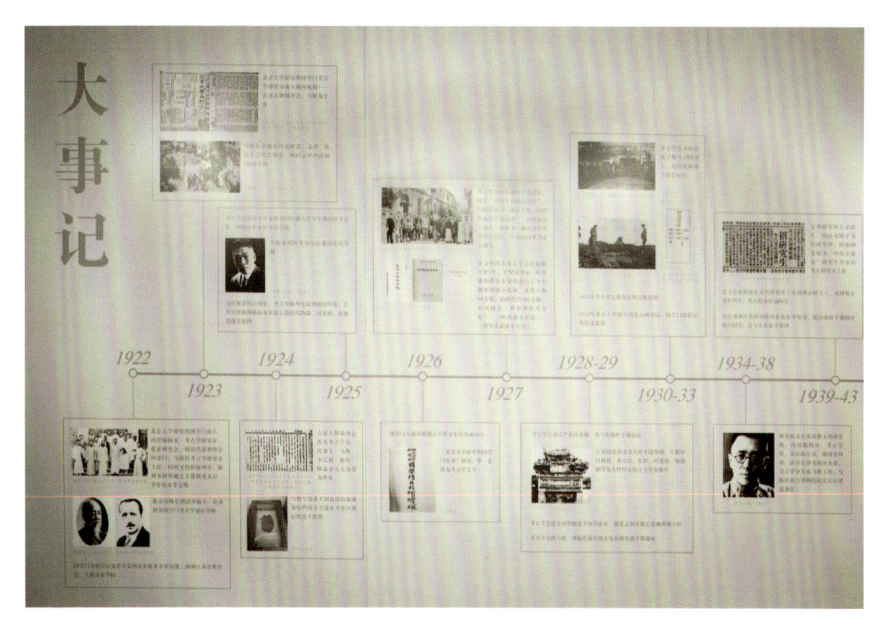

图 10　寻真展序厅大事记时间轴展板

了对考古学的教研工作，领风气之先。30 年后的 1952 年，北京大学设立考古专业。特别是从这一年起，为了应对考古力量匮乏的局面，文化部、中国科学院与北京大学连续 4 年联合举办了 4 期考古工作人员训练班，由此播下了新中国考古事业的火种，散作满天星辰，令人感慨万千。1983 年，北京大学考古专业独立为"考古学系"，1998 年改为"考古文博院"，2002 年更名为"考古文博学院"，机构设置与名称的变化，标志着教研综合实力的不断增强，以及为人才培养而进行的持续建设。

序厅的院史回顾十分简短，表明此节并非策展者强调的重点。"开路"的另一层重点在于学术之路的披荆斩棘。而众多十大发现连缀而成的"另一种历史"正是这一点的最好注脚。或有人认为，能够发现重要的遗址或所谓"国宝"，全看手气，实则不然。如何寻找重要遗址，本身就是学术功底的体现。而找到遗址后，对发掘方法进行的探究，更是为学科发展开辟道路的重要试验与实践过程。第二单元"新石器时代考古"展示的河南南阳邓州八里岗遗址的遗存（图11），便是典型。新石器时代的遗址，史料当然无载，考古者首先要通过地面调查与试掘，来判断遗址是否有深入研究的必要。在这一层面，考验的便是考古学人的问题意识。20世纪90年代初，北大考古学者之所以选择八里岗遗址进行发掘，主要是考虑到这一遗址位于南北交通的干道上，沟通了黄河流域和长江流域，是探讨这两大区域交流的理想地点。确定了地点之后，考验的便是发掘技术与发掘理念了。八里岗遗址的考古工作异常细致，揭露出保存极好的连间排房（图12），前所未见。从规模上来看，八里岗遗址不过是

图11　河南邓州八里岗遗址出土遗物

图12　河南邓州八里岗遗址出土排房平面图展板

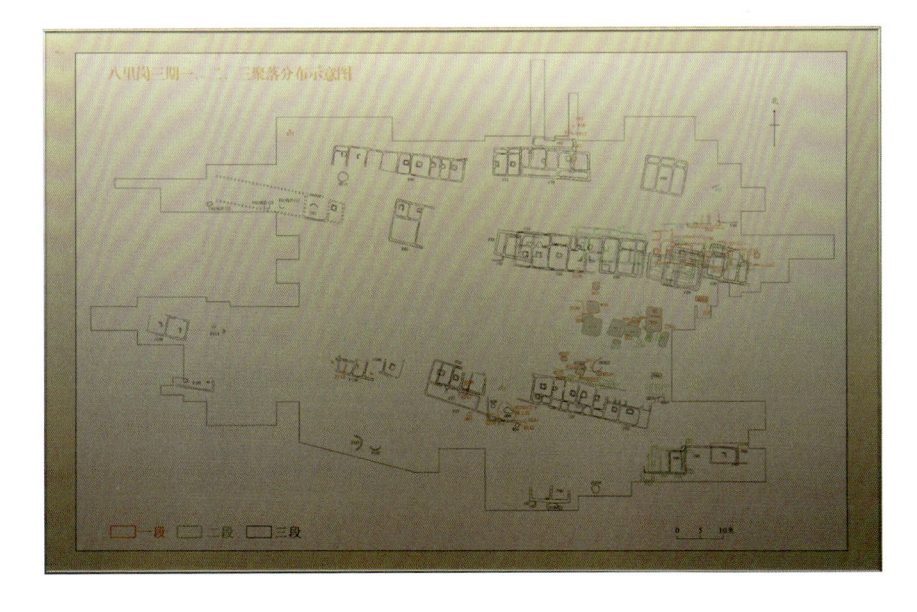

仰韶中期的一处小型聚落,但北大考古师生以此处为田野考古教学基地,连续十几年在此地进行发掘,使得此处遗址成为仰韶中期被完整揭露的唯一一处聚落遗址,也使得这处遗址成为中国实践聚落考古方法的前沿阵地。在对这一遗址的发掘过程中,北大考古学者凝练而成的"活动面"概念,被迅速推及全国,成为我国田野考古工作中重要的概念,为探讨史前聚落布局奠定了基础。而为保护遗存采取的保护性回填方法,后来也成为文化遗产保护的通行做法。八里岗遗址被评为1994年的"全国十大考古新发现",所依靠的正是北大考古师生的悉心观察、精准判断与开拓性的创造。世界上本没有什么路,我们去寻找真实,是走在前面的人,踏出一条浸满智慧与汗水的道路。

从展览单元的名称设计来看,"寻真"展仿佛不过是又一个司空见惯的中国历史展。但是由北大参与的众多考古发现组成的这一幅图卷,却以不同的色彩,以浅浅淡淡的笔触,勾勒出层层叠叠的轮廓。长长的展线上,有珍宝优雅的光芒;每一个熟悉的时代名称下,铺陈着新奇的场景与视角;而在琳琅文物的布列中,又伏设着学术演进的底色。静立的文物背后,古人与今人的身影交织重叠,一层层的安排,让种种元素,重构出丰富而全新的世界,余韵悠长。北大是常为新的,即便于古物,亦如是。

延展阅读

  北京大学考古文博学院:《记忆:北大考古口述史(一)》,北京大学出版社,2012年。

后现代主义的城市

展览名称：大元三都
展览地点：北京　首都博物馆
展览时间：2016年9月9日至2016年12月9日
展品数量：160余件（套）

　　后现代主义的定义众说纷纭。不过在不同学科的描述中，"解构的""碎片化的""强调主观"似乎是其共同的"片面"特征。从这些特征来看，古代遗物，特别是考古遗物，先天便具有后现代主义的色彩。而当尝试用遗物来指涉元代都市时，则激荡起人另一层的主观幻想——那不正是属于大汗，属于马可·波罗，也属于我们的"看不见的城市"吗？那么如何利用这些碎片化的遗物来"再现"这些都市？这个问题似乎充满了对主观认知的拷问，从而洋溢着后现代主义的色彩。而2016年9月，首都博物馆举办的"大元三都"展，或许正是对这个问题的一种解答。

　　展线逻辑是展览语言得以施展的核心要素。"大元三都"展开宗明义，用地面一条中轴线穿过地面的元大都地图和地表的宫殿模型（图1），直指其后的宫城城门、城楼。这个设计，不仅仅是对

图 1　中轴线直指展览尽头

图 2　大都平面图上的日月星辰天幕

表面轴线的展示,更是通过近乎张扬的形式点明策展者对于"大元三都"这一主题内容结构的理解——中轴对称正是元大都的核心特征。而中轴线在某种意义上,也超出了它作为城市的设计内涵,其更是都市作为帝国轴心、天下轴心的隐喻。在这个层面上,这条中轴线昭示着气吞山河的恢宏气势,象征着大元帝国所开创的时代气质。从展览效果的角度来看,这条轴线,配合以高大的城墙、围栏的层层递进和屋顶设计的日月

星辰(图2),奠定了展览意图营造的整体氛围。

从形式结构的层面来看,这条贯穿于古今人们心中的中轴线,又在展览的现实层面中,将众多流离于天下各方、散落于层层土地、破碎于历史洪流中的遗物,重新串联、聚合、构建了起来,树立起展览形式结构上的主干。而那三座掩埋于历史尘埃中的隐形都市,由此而宛若还魂。

策展者显然并不满足于中轴线本身所蕴含的复杂意象。借用这一有形的"平面"空间线条,展览更试图以之作为串联立体社会结构的形式轴线。因此,在内容设计上,第一单元前半部分完成了对三座都市形态的遗迹重现之后,从第一单元后半部分开始,展览便展开了对城市社会纵向结构的解剖。而将无声的大众和平民生活(图3)纳入内容设计的视野,无疑是对日渐兴起的新史学趋向的跟进与推动。就观众体验而言,贵族生活和平民生活以中轴对称铺展而开,沿中线而行,或反向而行,自然形成了"自上而下"和"自下而上"两种观览元代城市社会的向度。此时的帝都中轴,更通过展览,被阐释为横切面之下纵贯阶层的隧道。

图3 日常生活器皿

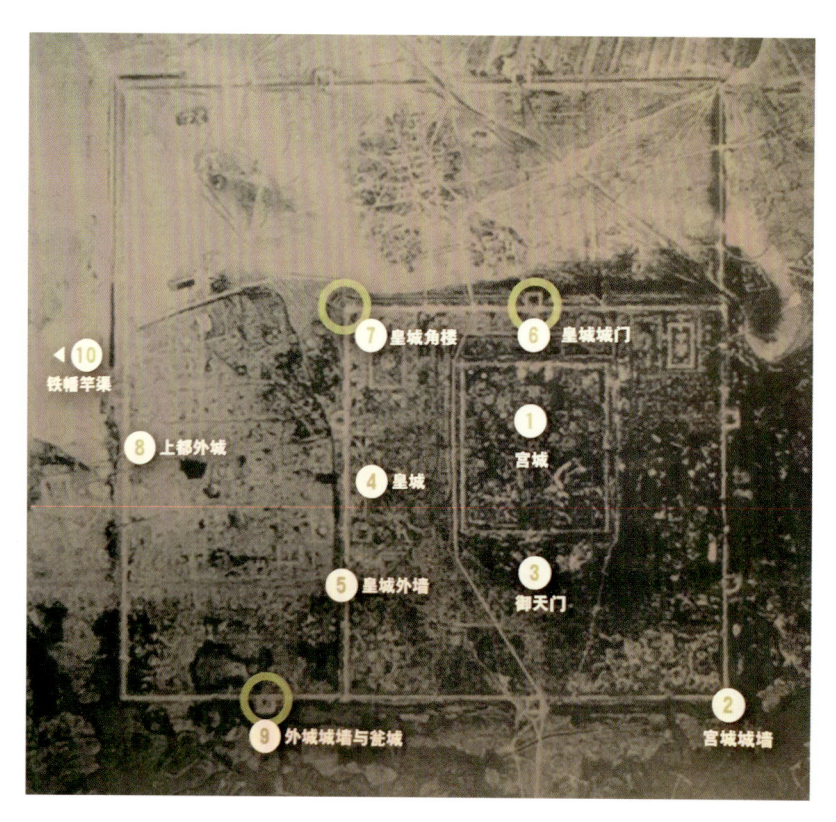

图 4　元上都航拍平面图展板

　　明确绘出的中轴线和其指向的远方城门、城楼，贯穿了展览空间，似意在突出中轴。然而中轴线毕竟只是一条平直延伸的二维线条。在三都关系、城市空间结构乃至社会阶层结构的层面，这条朴实的单一线索，能否圆满地同时负担起不同空间结构和社会结构之间的串联与隐喻？展览的设置为观者留下了一些疑惑。从宏观空间结构的视角来看，展览以"大元三都"为题，然而元上都的规划却显现出了"中轴线"的偏离〔图4〕，该如何协调展览形式与实际史实的关系？当然，这样的提问不免苛刻，然而由此进一步引发的问题或许值得思考。当三都的内涵并不完全一致时，在一个展览中、一条中轴下，如何隐喻出三处都城层次不同的重影或是异曲同工的色彩？

第二、三单元对元代社会生活的展示，是构建展线逻辑的全新尝试。在众多以时间为叙事线索的展览中，"大元三都"展通过对元代都市社会生活分类分割，似乎意欲突破铺陈描绘的方式，显得与众不同。然而，值得反思的是，时间线索本身具有有序性，时间先后顺序更易将人带入因果链条的逻辑中。当时间被拿出展线逻辑，那么用什么来替代原有的序列和因果逻辑就成了至关重要的叙事问题。宏大的中轴线和中轴对称，虽然能够在社会阶层结构、城市空间中起到贯穿与支撑作用，但在微观的生活情境之中，却难有用武之地。而通过日常生活"衣""食""住""行"等单元模块的分割展示，虽然细致地说明、描绘了元代市民的生活（图5），但在另一方面，却使得元代市民原本有机的生活整体，被割裂为孤立的片面单元，这与意图拟真复原城市情境的展厅背景，形成了强烈的反差。

展览虽以"大元三都"为题，但策展的雄心，却意图以都市为起点，再现一个时代的断面——这正是展览向全国许多博物馆借展文物的原因。然而，这使得展览的策展难度大幅增加——究竟是应当对照题目以城市规划、设计、空间结构作为展览最核心的内容，还是应当更偏重于元代的社会结构与生活？事实上，作为全新设计的都城，城市空间的结构原本便包含了对社会组织和社会空间结构的考虑。当城市空间与城市社会你中有我我中有你之时，将两者的展示划分为不同的单元，是否是最理想的做法？另外，若仅从俯瞰视角来说，以中线为轴，将展厅划分为相

图5　瓷戏台人物纹枕
　　　首都博物馆藏

图 6　重新粘起的出土元青花大盘
内蒙古托克托县出土

对整齐的单元模块,可以给人以明晰简洁之感。但问题是众多观者是以平移视角而非俯瞰视角来审视展览,"浸入"展览空间的他们,是否也能够获得俯瞰视角的感受?

从完整走向碎裂,是绝大多数物质与信息必经的历史之路。叩问土地与先人,重新粘接碎片（图6）,排列组合,似乎既是今天历史的一个动作,而同时又是"逆历史潮流而动"的重构。这正是展览令人着迷之处,在今人的推理想象和历史的真实之间,在真实的碎片与重构的完整之间,展览将会把观者带入这虚实之间的场景。在大元三都的幻梦中,笔直的线条试图带领我们从城市的上空,深入元代城市生活的肌理,尽览曾经熙熙攘攘的点点滴滴。然而,这如针般笔直的线条,却少了些针后线条的柔软曲折,让那破碎遗物的缝缀,终究又显现出几分斑驳的底色和无奈的裂缝。在碎裂的现实中,究竟怎样的"针线"才能不着痕迹地缝缀出完满的色彩,突破"后现代"的困境,这或许正是"大元三都"展留给我们的思考。

相关图录

首都博物馆:《大元三都》,科学出版社,2016年。

貳

走四方

中原的声音

展览名称：华夏遗韵——中原古代音乐文物
展览地点：北京　北京大学赛克勒考古与艺术博物馆
展览时间：2016年9月10日至2016年12月15日
展品数量：100余件（套）

遗失的韵律，弥散在代代先人的回忆里。黄钟大吕，叩问土地，谁还在呼唤着曾经的雅正之音？留不住的离人，留不住的脚印，却在喧闹的音乐中，看见思念的倒影。2016年9月，北京大学赛克勒考古与艺术博物馆举办的"华夏遗韵"展览，展示了数十年来河南地区出土的音乐相关文物，用器物与图像为世人谱写了一曲华夏音乐的千载之歌。

周公制礼作乐，深为孔孟所崇，遂成儒家文化精髓。随着汉武帝的"罢黜百家，独尊儒术"，上至宫廷，下至黎庶，大至国家，小至个人，礼乐制度成了维系中华社会秩序的核心，贯穿于中华传统文化之中，至今已数千年。子曰："兴于诗，立于礼，成于乐。"音乐于中华、于国人，由此便有了一番不同寻常的意义。

凡事总有源头，音乐也不例外。尊儒之前当有孔孟，周公之前自有先人。中国音乐的起源神秘而又难解。即便是记载在文献中的上古音乐,也很难再觅佳音。"余音绕梁""三月不知肉味",今天孤陋的我们多数时候只能在圣人的修辞中想象,对于连文献记载也没有的原始时代音乐,我们都不知道该望什么兴叹。

近代考古学的兴起,为我们了解中华音乐开启了一扇门。百年来的考古发现中,音乐文物不断涌现。而中原地区的出土物尤为受到世人的关注。这一地区在中国漫长的历史进程中长期处于正统地位,它是中国的地理中心,是华夏文明的摇篮。数十年来,中原地区出土了大量的音乐文物,使今天的我们有机会循此线索了解华夏文明核心区域的音乐渊源。2016年9月,为迎接第34届世界艺术史大会首次在中国召开,北京大学考古文博学院与河南博物院合作,在北京大学赛克勒考古与艺术博物馆举办了"华夏遗韵——中原古代音乐文物"展,向来自全世界的艺术爱好者展示中华音乐艺术的悠久历史。

一、礼乐之邦,乐源何方?

按照物质发声的原理,其实无论中外,乐器皆可分为吹管乐器、弦乐器、打击乐器等几个大类。在考古资料中,由于遗物本身物理属性的限制,各类乐器能留下来的概率也大有不同。譬如依靠拨弦发声的弦乐器,由于乐弦的脆弱,几乎不可能在风霜雨雪、水浸土埋的环境中保留下来。比较而言,一些吹管乐器、打击乐器则相对幸运。它们依靠腔体内的气体震动发声,发声关键部位的材质虽然与乐弦一样历经磨难,但却有可能保存下来,为后来人所知。有些保存较好的乐器甚至历经数千年还能发出原始的呼唤。从各种各样的乐器来看,虽然石器时代生活艰难,但是古代人类并未因此而停止对美妙音乐的追求。在乐器的构造方面,处处可见创想与巧思。

距今8700—6800年的河南汝州中山寨遗址下层出土了一件骨笛(图1)。这件骨笛是用鹤类肢骨截取两端关节之后,再钻孔而成。经测音,这件骨笛能够演奏出七声音阶。中国的成语有"五音不全""五音相生"之说,

图1　骨笛
　　　河南汝州中山寨遗址下层出土

图2　兔形陶埙
　　　河南郑州昝昇王遗址出土

表明我国传统的音乐似最常用五音。这五音分别是宫、商、角、徵、羽，用西方的固定唱法来说，就是Dol、Re、Mi、Sol、La。而这类骨笛的发现，则证明中国古人早在新石器时代就已经发现了七声音阶。

更令人叹服的是骨笛的发明与设计。古人能制作乐器，显然是发现了气体震动发声的规律，那么用什么来制造一支笛子奏出美妙的乐曲呢？当时的先民可能是尚未掌握用其他材料制造笛管的技术，但他们却发现笔直的禽类肢骨是理想的原料。在当时的资源条件下，这种选择可谓"高效节能"。

今天的我们可能无法完全还原石器时代的音乐美，但从那时乐器的设计上，仍可以看到古人对于生活情趣的全方位追求。埙是我国较早出现的吹奏乐器，通常有两孔，一孔为吹奏孔，一孔为音孔。从出土物的试奏来看，音色哀婉幽深。通常的埙外形朴素，若不细看，就像一块不规则的陶质石头。此次展览中，展出了一件兔形陶埙（图2），灰胎所制，捏制而成。

兔子形貌温厚老实,乐器的制造者却颇有些"调皮",他把吹孔放在了小兔的背上,却把音孔放在了小兔的臀部。若略加细想,看着小兔子一脸无辜的样子,便不禁为制造者的"蔫儿坏"而莞尔。

远古时代,不免因陋就简。但长久的积淀,仍能让古人不断发现大自然中蕴藏的声音规律,发现制造美好声音的方法。声音可以是语言,可以是信号,可以是手段,可以带来悦人心耳的享受与欢乐,也可以塑造庄严肃穆的仪式与氛围。音乐的用途,在古人对生活的探索中不断显现。伴随着音乐与生活的互动,在人类前进的路途中,千姿百态的音乐被时间的洪流和洪流中的人群所融汇和拣选。在一个宏大的时代里,终于形成万众侧耳的雅正之音。

二、大音希声,雅器难寻

20世纪最重要的考古发现里,曾侯乙墓或许是最吸引眼球的大发现之一。在这个当时的边陲小国国君的墓葬中,出土了无数僭越的珍宝,其中就包括一套完整的编钟、编磬。使用大型编钟、编磬来演奏音乐的制度,实当追溯至夏商周三代时期。夏商周的制度各有不同,从今天的文献来看,较为明确的是西周初年周公旦制定的乐制。这套乐制亦称为"乐悬"制度。那么"乐悬"何义?

展览中特意展示了甲骨文"磬"字的写法(图3),这个象形字的写法宛如今天的儿童涂鸦:一个小人站在悬挂着的"三角铁"下。这不仅暗示了磬的形态,还揭示了磬的用法。所谓"乐悬",其实就是指悬挂起来使用的钟磬类乐器。

展览的第二部分名为"金声玉振"。"金"指青铜钟,"玉"指代石磬。"金声玉振"语出《孟子·万章下》:"集大成也者,金声而玉振之也。金声也者,始条理也;

图3
甲骨文"磬"字

图4 青铜乐钟一组
　　　河南新郑金城路祭祀坑出土

玉振之也者，终条理也。始条理者，智之事也；终条理者，圣之事也。"这段话点明了当时钟磬的演奏规则。奏乐之始，敲钟发声，奏乐之终，击打磬收韵。由此可见，钟与磬正是这一时期乐制中的核心乐器。

　　编钟一向为人们所重视，这与其材质有关。与社会制度、经济组织、科学技术、艺术审美密切相关的青铜器，自发现以来，就是社会各界的关注重点。"身披五彩祥纹"的青铜编钟作为其中的一员（图4），自然难逃粉丝的追捧。不过，尽管编钟声名在外，它的源流和发展脉络却少有人知。而此次展览，特意展示了编钟的"前世今生"（图5）和"来龙去脉"（图6）。根据专家的研究，大块头的编钟竟然产生于毫不起眼的陶铃。在不同的地域和时期，铃的形态逐渐演化为铙、钟、镈等等。不同大小和形态的钟不

图 5　兽面纹铜编铃
　　　河南三门峡市虢国墓地 2001 号墓出土

镈大概的发展脉络

龙山文化以前期→二里头文化期→二里岗文化期→商晚期→西周初→西周中→西周晚→春秋战国

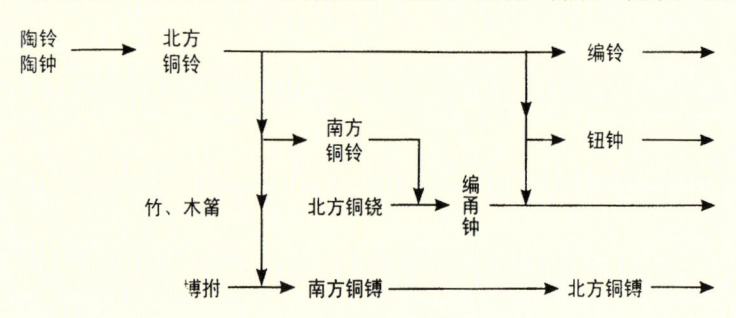

陶铃
陶钟 → 北方铜铃 → 编铃

　　　　　　　　　→ 南方铜铃 → 钮钟
　　　　　　　　　　北方铜铙 → 编甬钟

竹、木筩

　　　铸拊 → 南方铜镈 → 北方铜镈

参考文献：
陈双新：《青铜钟镈起源研究》，《中国音乐学》2002第2期

图 6　青铜镈的发展脉络图展板

图7　编磬
河南陕县后川2041号墓出土

仅会有音色的差异，还存在音调的变化。为了演奏出旋律丰富的音乐，编钟组合被发明出来。

与编钟配合使用的，是编磬（图7）。磬的起源并不难想象。世界文明皆由石器时代而来，打制石器的过程中，自然会不断发出声响，这些声响的高低起伏，让人们渐次发现了石板振动的规律。到周代，人们对这一现象的认识更为深入，发现了石磬的最佳敲击点，并记录在《周礼》之中。金石和鸣之时，与编钟相比，磬的声音铿锵清越，传播更远。

三代乐制与社会等级制度密切相关，从王到各级诸侯，各有对应的用乐制度。而若非重大的礼仪场合，最高规格的雅乐难得一闻。著名的《韶》，原是国家大典所用的礼乐，只因东周时期礼崩乐坏，孔子才得以在齐国大臣家得闻。即便如此，正声雅乐仍然罕以得闻，否则，孔子怎么会收干肉当学费呢？然而，"雅"为"正"，东周诸侯对雅乐的滥用，只不过是对身份的标榜，纵然采用了周天子的乐制，所奏音乐，又何正之有？正是"大音希声"，雅器难寻。当初周公于国家制度的一番庄重忠耿之意，终在历史车轮的碾压之下，深深埋在了地层之中。只在今天考古工作者的手铲和博物馆的灯光之下，重新泛出幽幽的光泽。

三、此心安处是吾乡——汉唐宋代墓葬中的音乐

汉代以来，越来越多的丝竹乐器进入人们的生活。它们难以被保存，但却意外而又意料之中地被铭刻在了大量的图像资料之中。图像资料不仅展示了乐器的形态，更留下了乐器的使用方法与情境。正因如此，展览行至汉魏隋唐宋，更多地采用了图像、雕塑中的形象来展现中原地区的音乐。而当展览材料拓展至图像，策展人对音乐的理解也获得了更多的展示空间。实际上，与音乐关联的不只有乐器，歌曲、舞蹈，甚至杂技，都与音乐如影随形。众多演奏、乐舞、杂技的形象被使用于这一展览之中，使代入感得到了极大的增强。河南济源出土的一件灰陶尊〔图8〕，两位女乐伎倒立于其上，头挽高髻，身着紧衣，体态轻盈，动作流畅，并形成互相对称的效果。既让观者感到乐舞中的紧张，又不只沉浸于双姝对称的美感中。此时此刻，某种欢快而紧张的乐声自然而然在耳畔响起，让人手心不由地捏出一把汗来。

又如北宋晚期墓葬出土的一组散乐砖雕，乐伎手中分别持有鼓、觱篥、笙、横笛、拍板〔图9〕。人物形象生动自然，仿佛真的随乐声而摇头晃脑、舞步翩跹。这批材料为我们展示了宋代散乐的常见组合。在宋代仿木构墓葬中，散乐图是普遍使用的题材，它常与墓葬中的墓主人形象相对，共同构成"开芳宴"的图像整体。生死之间本是悲戚之时，然而在冷清幽暗的墓葬之中，却要让墓主人长久面对着欢快喜悦的器乐演奏，让无声的音乐充盈在狭小的墓葬空间中。这既是普通人家丧葬礼仪程序中的一环，也是对现实生活的隐喻和期待，或许更能缓解逝者身后的孤寂。在热闹的音乐声中，地下的逝者和地上的生者，或许都能从中获得某种精神上的安宁，而不再停留于生离死别的哀痛之中。音乐的形象定格在墓主人的眼前，而每当生者在祭奠之日，再次奏起哀乐，类似的情景或许也能在地下获得响应，安抚逝者远去的灵魂，让他在另一个

图 8　灰陶尊
　　　河南济源辛庄出土

图 9　散乐雕砖
　　　河南温县西关宋墓出土

世界中,也能感受到一丝故乡的温暖。

音乐并不仅仅与宏大的历史叙事相关,它也渗透在普通人的生活之中。尽管史书中少有对古代日常生活的记载,那些个体的记忆与体验随着生命的终止而渐渐消亡,但在生命尽头的仪式中,却总会或多或少地透露着生前的品好与乐趣。历史的车轮,同时带动着音乐和美术的前进。而留下这个世界那些美好的事物和瞬间,是我们在汉代以来墓葬中所看到的冲动与渴望。古代的画工用画笔、用陶泥,把生者的乐章留在了图像与雕塑之上,遂成一曲安葬、抚慰逝者的绝响。

华夏遗韵,袅袅不绝。物与形的展示,充盈着眼眶,却皆化成不绝如缕的无形声响,久久在耳畔徘徊。那是 5000 年来叩问黄土地的回音,那是代代先人倾听麦浪的倒影。

延展阅读

王子初:《音乐考古》,文物出版社,2006 年。

秦序等:《中国古代物质文化史:乐器》,开明出版社,2015 年。

越地长歌

展览名称：越地宝藏——一百件文物讲述浙江故事
展览地点：杭州　浙江省博物馆
展览时间：2018年6月8日至2018年10月8日
展品数量：100件（套）

2017年，大英博物馆携100件文物先后登陆国家博物馆和上海博物馆，以文物为支点，带领国人重观世界史，令人大开眼界、耳目一新。文物定量、空间有限，一取一舍之间，却可以有无限可能，引人遐想。这一做法无疑给我国文博界带来了启迪。2018年，浙江省博物馆推出展览"越地宝藏"，同样想要用100件文物重述浙江故事。众多国宝重器于西子湖畔的浙博孤山馆区闪亮登场，淡妆浓抹一颦一笑间，又会呈现给我们一个怎样的浙江？

一、琮中王者

浙江精彩，始自良渚。良渚之前，丘陵河道之间，浙地先人同众多史前人群一样，开启了农业革命的艰难探索。磨石耕地、种稻养猪（图1），农业

图 1　新石器时代猪纹陶钵
　　　余姚河姆渡遗址出土

图 2　新石器时代玉琮王
　　　余杭反山遗址 12 号墓出土

生活虽然辛苦,却胜在安定。人活着得吃饭,吃饱了却要各走各的道路。于是,浙地先民在良渚首绽光华,当时或道是寻常。但手铲愈往下刮,良渚的光芒却愈加独特而夺目。几千年后,人们蓦然回首之时,发现良渚文明与尼罗河的埃及文明、两河流域的苏美尔文明、印度河流域的哈拉帕文明一起,在北纬30°一线附近,相继闪耀,交相辉映,在地球上画出一道多彩之光。而属于良渚的那一抹亮色则尽是美玉的温柔润泽。

时至今日,玉器仍属奇珍,不仅因为美玉稀见,更因为璞玉难琢。在一般的想象里,5000年前的原始时代,人们似乎还过着茹毛饮血的艰苦生活。然而良渚一带竟有大量精美玉器出土,这自然令人咋舌。更令人惊讶的是第一单元展厅尽头中央展柜中的玉琮王(图2),它出土于良渚王陵区反山第12号墓葬中,重达6500克,体量硕大,规格超群,花纹繁密,精雕细琢,绝非凡品。5000年前的美玉重器,令人疑窦丛生:玉器在良渚社会中,究竟意味着什么?

细细观看这件国宝级文物,它或许正藏着答案。在成为玉琮之前,它曾是一块体量更大的完整玉料。在玉器行当,质量上乘的大型玉料异常难得,是非常珍稀的资源。换句话说,拥有这件琮王,首先意味着对良渚社

图 3　玉琮王神人兽面像

会珍稀资源的占有。资源的开采、运输、消费，连成完整的链条，让良渚的社会组织网络浮出水面。雕琢美玉，绝非易事。而玉琮又是良渚玉器中制作工艺最为复杂的种类。中间圆孔需上下双向管钻，此后尚需管修；玉琮看似为柱状结构，但其实所有的玉琮，无论高矮，均有一定程度的收分，上大下小，而外壁雕琢出弧形凸面，四角平均，这均暗示着精确的测量与控制；而最能体现良渚玉工水平的，则是这件玉琮王截面上的神人兽面像（图3），在极小的尺度内，其凸起的鼻端需以多次片切割减地完成，在其兽面大眼上，还填刻有烦琐复杂的纹样，近乎微雕。多种不同的琢玉工艺施于此件琮王，异彩纷呈，实为集良渚琢玉工艺大成之作。在它的背后，是良渚社会尖端技术的复杂系统。

制造玉器如此不易，良渚人为何还要孜孜以求、精益求精？《说文》灵字条下释"巫"为"以玉事神"，后世文献的源头或正可追溯至良渚先民的实践。张光直先生认为，琮的形象兼含方圆、中央贯通，很可能是天圆地方、天地贯通的象征。玉为山之精髓，以之制琮，或许正是为了沟通天地。琮王器体上精心雕刻的纹饰更具深意。类似纹饰，屡见于良渚文化的高等级大墓，表明这或是良渚贵族共用的神徽，蕴含着良渚精英共同的信仰。由此，在玉琮身上，我们或可看到一个完整的循环：精密的社会网络和尖端"科技"塑造了玉琮，而玉琮所代表的共同信仰，又凝聚了人心，促进了社会组织的团结与发展。展柜聚光之处，何止是玉琮王，更是物化的权力与信仰。

二、剑影瓷魅

在文献书写的最初历史中，浙江不过是荒山野岭边陲小国之地。直到越王勾践卧薪尝胆，越人之歌与剑才天下传扬。如今歌不可闻，乐者却长奏不休；剑虽蒙锈，凌厉犹存。

展览第二单元的故事立意于三代，自然以青铜器为主干。商周青铜礼器，如鼎、簋、钟、铎之类（图4），于越地亦有流传。一眼望去，黝青之间，款款吉金，虽较中原风格略有不同，但器形却大体接近，可见此时中原与越地交流已趋深入。沿展线缓步前行，一件罕见的青铜小屋（图5），吸引了众人的目光。这件青铜小屋，面宽三间、进深三间，前壁敞开无门，仅存立柱，左右两壁镂空透光如落地大窗，后壁中央有四格窗一扇。屋顶为四角攒尖顶，顶部立有一八角立柱，柱顶铸一大尾鸠。透过前门，可见屋中六人端坐，其中四人抚琴吹笙、敲鼓击筑，另有两人，似为歌者。这件伎乐铜屋1982年出土于绍兴，是我国现存唯一一件先秦时期青铜房屋模型。越人击棹而歌，今难再赏，蓦然回首，铜屋伎乐，却留下了弹拨挥洒的一瞬间，凝固乐音，让《越人歌》的韵律在观者心中绕梁："……山有木兮木有枝，心悦君兮君不知……"

总体而言，越地青铜器似不如中原者显赫，但在某一门类上，却异军突起。这一门类便是青铜兵器。与中原王朝诸侯以青铜礼敬天地祖先不同，越人以青铜耕战，显然更重实用。青铜兵戈锐甲天下，其中又以越王剑最为著名。如今不少越王剑出土于越地之外，可见越人兵器畅销于战国的"国际市场"，绝非浪得虚名。展览中陈列有一柄越王者旨於睗剑（图6），乍看泯然众兵，细观却非俗品。者旨於睗为勾践之子鼫与，在位期间多铸宝剑。

图 5　春秋伎乐铜屋
　　　绍兴坡塘 306 号墓出土

图 4　春秋青铜甬钟
　　　绍兴塔山出土

图 6　战国越王者旨於睗剑
　　　浙江省博物馆藏

柜中所陈之剑，剑身剑鞘俱全，剑锋犹利，剑格两面铸文，正为"戉（越）王戉（越）王"，反为"者旨於睗"，字口间绿松石尚有残留，甚至连剑茎处的丝质缠縢亦存。细节如此齐备完整之剑，于当今吴、越"古剑界"绝无仅有，堪称稀世珍品。完整固然可贵，亮剑还看锋刃。越地欧冶子铸剑，融汇日月精华，天地为之所动，不免夸大其词，越王剑锋指天下，宇内闻名,却必有原因。实际上,青铜铸剑,合金配比、火候把握极为讲究,少锡则软,多锡易折。此剑经科技检测,铜锡比恰到好处,质地纯净,少铅无铁,表面光洁,剑刃轻薄,即便于越王剑中,亦为极品。

刀光剑影之间,越国兴盛如昙花一现。此后数百年,正史鲜见越人踪影。但若拷问大地,越人却绝非碌碌无为。取土为坯,水溶火炼,冰玉之器,横空出世。

浙江密密麻麻纵贯古今的众多窑址,昭示着它在中国陶瓷史上的特殊地位。正因如此,展览第三单元"陶瓷之路"似信手拈来,但仍精品迭出。如鸡首壶本是西晋时期以鸡首为流的常见器类,但展中一件越器(图7),将壶上提梁雕琢成黄鼠狼形。但见黄鼠狼面露贪色,吐舌垂涎,伸长身体,俯身欲扑前方肥鸡。整体情态极富动感,令人忍俊不禁。浙江越窑青瓷至西晋为一盛,至晚唐宋初再盛之时,已非前态,秘色至宝,如冰似玉,量少难求,自然为世所珍。君子比德于玉,自秘色始,玉般釉色便成了众多青瓷窑场的不懈追求。至于南宋晚期,龙泉承袭越窑衣钵,技艺臻于化境。如展中所见象钮盖罐(图8),外施粉青厚釉,釉层光润,微有冰裂开片,入目清爽,冰清玉洁实至名归。龙泉之盛,不仅在于其再现并发展了秘色瓷确立的审美标准,更在于其高质量瓷器的生产规模远超前窑。宋元之际,龙泉产品不

图7 西晋越窑青瓷鸡首壶
余姚肖东五金墩出土

图8 南宋龙泉窑青瓷象钮盖罐
丽水下仓村李垕妻姜氏墓出土

仅畅销全国，更通行于印度洋面。一时之间，海上丝路沿岸的餐桌上，尽是中华"君子本色"。浙瓷魅影，代表华夏，为世界渲染了新的风景。

三、南方佛国

浙江佛塔众多，最著名的大约是雷峰塔。且不说《白蛇传》里，雷峰塔镇住白娘子引来多少唏嘘，鲁迅先生两论雷峰塔的倒掉，足以让雷峰塔烙印在万千国人的童年里。可雷峰塔到底是什么塔？雷峰塔到底"压"的是谁？

1924年雷峰塔倒塌之后，西湖"雷峰夕照"一景不复得见。2000年，为配合重建工程，考古工作者对雷峰塔遗址进行了考古发掘，雷峰塔地宫由此重现人间。塔底并无南宋的白娘子或其遗痕，倒是有众多吴越国珍宝，揭示了雷峰塔的真实身份。此塔为吴越国主钱俶为安放宫中"佛螺髻发"所建，而"佛螺髻发"当属释迦牟尼佛真身舍利，其珍贵不言自明。而伴随着雷峰塔地宫的发掘，安放舍利的阿育王塔〔图9〕也一并出土，亦陈列于此展之中。阿育王塔屡见于东南，但材质以铜、铁居多。此件鎏金纯银，

图9　五代鎏金银阿育王塔　杭州雷峰塔地宫出土

为世所稀。塔身四面镂刻《佛本生故事》，塔顶四角山花蕉叶以锤揲、镂刻技法描绘佛传故事十六则和竖三世佛题材，佛祖前世今生、无上功德于此塔毕现。塔中尚有金棺，金棺至今未启，"佛螺髻发"当在其中。雷峰塔为供奉佛祖舍利而建，虽与白娘子无关，但却与女性有缘。塔成之时，钱俶王妃孙氏殁亡。此时的吴越，在强大北宋的压迫下，早已风雨飘摇。孙氏受封于北宋，为表感怀，钱俶特名之为"皇妃塔"。

实际上，"南朝四百八十寺"，南方崇佛早有渊源。吴越之后，三宝再盛，塔影幢幢，所见何止佛宝舍利，更有法宝经书。大量佛塔遗址的发掘，让众多佛经纷现于世（图10）。展中很有特色的一部，则是平湖报本塔塔刹出土的明宣德七年金书《妙法莲华经》（图11）。此经卷发现于拆卸塔刹之时，由42条长1米左右的磁青纸粘接而成，全长4.03米，共7万多字，为首次在展览中完整展出。全卷据满展柜，颇有"卷帙浩繁"之规模。此卷金书，固然奢华，但引人注目之处却在结尾："大明国奉佛信官郑和，法名福吉祥，发心铸造镀金舍利宝塔一座……"（图12）由此可知，此经卷乃是郑和施刻。众所周知，郑和出身穆斯林世家，但其实他信仰复杂，与

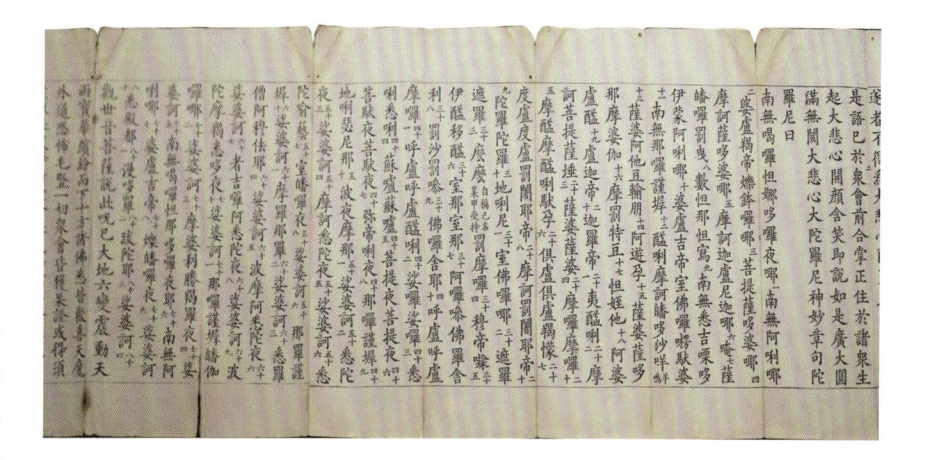

图10 北宋明道二年（1033年）刻本《大悲心陀罗尼经》局部
　　　瑞安慧光塔出土

图 11　明宣德七年（1432年）金书《妙法莲华经》平湖报本塔塔刹出土

图 12　金书《妙法莲华经》卷末题记

其经历有关。其受命出海，得益于穆斯林身份；屡祭道教天妃，则是航海旧俗，为远行祈福；而受戒师从永乐帝心腹道衍和尚姚广孝，则可能是其身处政坛审时度势的决定。在临海重地浙江，于西域佛教法宝佛经中，与我国屈指可数的航海家郑和邂逅，这众多机缘，不由令人感慨万千。

四、雅俗之道

当历史的时钟拨至南宋,浙地迎来了前所未有的繁华。重文抑武的祖宗之法,早已让文人士大夫如沐春风,靖康之变,南下临安,自然也让清雅之风拂遍钱塘西湖;而北宋以来城市形态的改变,促进了市民阶层的诞生,世俗艺术由此开创出另一番风景,至南宋时,亦移植于杭城,蔓延于两浙。雅俗并行不悖,汇成别样的浙地风光。

2016年,浙江台州发现古墓,墓主人为赵匡胤七世孙赵伯澐。赵伯澐墓以出土有多件保存完好的丝绸衣物(图13)著称,但展厅中最为扎眼的却是出自此墓的两件璧。一璧为玉质(图14),虽然出土于南宋墓中,但据璧面铭文,却可知其实际原为南唐皇帝李昪为道教投龙活动而制。另一件为水晶璧(图15),纯净无瑕、晶莹透亮。两璧款式相近,然而制作年代却相差200多年,最终同归一墓,异趣横生。两璧更为研究者看重之处在于,与璧相配的丝绳同样保存完整,这不仅为研究南宋纺织品提供了重要实物证据,还证明两璧的功用均为挂件,而非以往推测的镇纸。

与皇室的低调相比,步入南宋百姓的世界,或许更觉绚烂。浙江各地

图 13　南宋对襟双蝶串枝菊花纹绫衫
　　　　台州黄岩区南宋赵伯澐墓出土

图 14　投龙玉璧
　　　　台州黄岩区南宋赵伯澐墓出土

图 15　水晶璧
　　　　台州黄岩区南宋赵伯澐墓出土

图 16　银鎏金凤凰纹花头簪一副
　　　　浦江白马镇高升窖藏出土

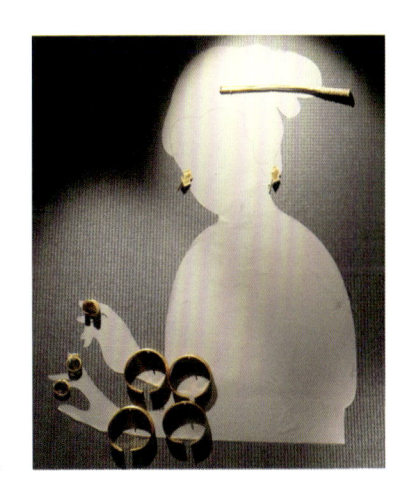

图 17　南宋金首饰一组
　　　　湖州三天门宋墓出土

无名宋墓中，多有金银首饰出土。昏暗展厅的聚光灯下，金凤银龙（图16）、帔坠金铤（图17），粲然生姿，令人目不暇接。今人多以为古时女性地位低下，然而单看这展柜中的奢华之色熠熠生辉，便可知古代男子敬爱妻子到何种境地！

五、重塑地方史

展览的最后,落脚于元明时期。前序展览单元于浙江水土已极尽铺垫,一方水土养一方人,浙江于元明时代便落脚于有名有姓的浙江人。一生矛盾重重的书画大家赵孟頫(图18),一代文武双全自立门户的完人王阳明(图19),两人一出,无须赘言,足以将浙江千年文脉诉尽。展览尽头,豹尾收束,却余韵袅袅,意犹未尽。

纵观此展,国宝迭出,足见诚意。以百件文物为限,编订六大单元,器类、时间,两条线索交叉互现,可见匠心。"包邮区"老巢在文物编缀的修辞下,焕然一新,亦堪惊艳。观罢地方史,回望神州整体,自然另有一番不同感受。然而,展览所透露的地方史,似仍未能蜕尽正统史观窠臼。越国、吴越、南宋时期,地方政权或中央政权强势入主,则展览单元的时间线索便异常明确,而春秋至五代千年时间,正史叙事之中浙地无闻,展

图18 元赵孟頫《吴兴赋》局部 浙江省博物馆藏

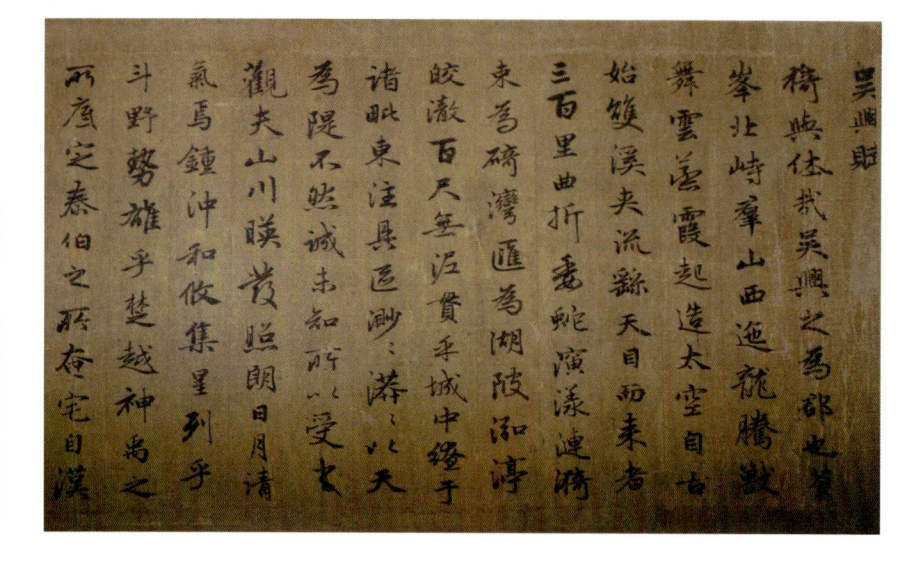

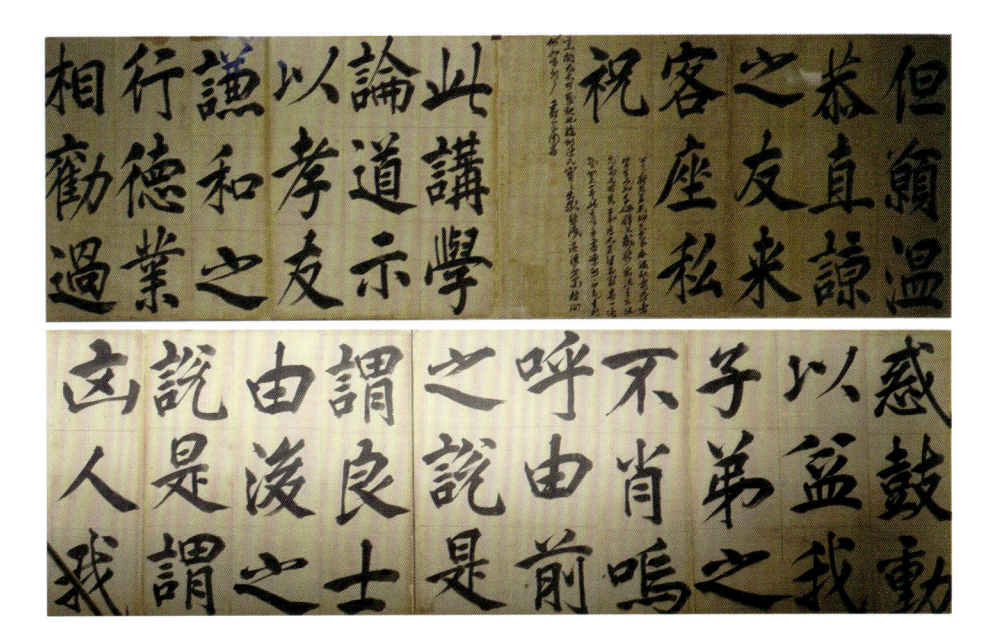

图 19 明王守仁《客座私祝》局部
余姚市文物保护管理所藏

览便不得不剑走偏锋，以陶瓷史串联过渡。浙江陶瓷史虽然辉煌，但浙江第一千纪的历史却绝非只有陶瓷。实际上，中国正史虽由中央书写，但中央与地方的互动却绝非单一视角。文物与地方史料，正是重新审视、反思地方特有秩序与地方性知识的绝佳切入点。在"越地宝藏"所叙述的故事中，中华"多元一体"结构中的"一体"之声更为高亢，而属于浙江"一元"的声音则略显低沉。这无疑令人略感遗憾。不过，重塑地方史的努力，原本不在于一时一地一书一展，而在于长久的锐意创新。大英百物展后，浙博率先仿效，精品尽出，进取开拓之心早已显露。由此，无论是浙博故事还是浙江故事，未来都大有可期。

相关图录

浙江省博物馆：《越地宝藏：100件文物讲述浙江故事》，文物出版社，2018年。

在天路上

展览名称：天路文华——西藏历史文化展
展览地点：北京　首都博物馆
展览时间：2018年2月27日至2018年7月22日
展品数量：216件（套）

　　到西藏去！这似乎是厌倦了都市庸碌生活的人们时常挂在嘴边的一句向往。西藏，它是大地离天最近的地方，它有绵延起伏的洁白雪山，它有庄重雄伟的布达拉宫，它有神秘莫测的宗教，它有淳朴虔诚的人民……这一切，似乎都能唤起人们纯净、圣洁的感觉，唤起人们对宁静天堂的想象。似乎从踏上西藏土地的那一刻起，灵魂在浊世中沾染的浮尘便会被尽数涤荡，回归最初的纯洁。

　　高原路漫漫，朝九晚五的我们大概很难说走就走。幸运的是，2018年初在首都博物馆，众多西藏文物沿天路款款而来。在精心布置的展厅中，世界屋脊之上的文明图卷徐徐展开。倘若曾经心驰神往，那么这次，这场"天路文华——西藏历史文化展"便不该错过。

一、天路初音

步入展厅,在头一个展柜中,便可见到造型独特的双体陶罐(图1)。它提示着人们,从文化源头开始,西藏文明便有独特的面貌。这件双体陶罐是距今5000年左右生活在西藏昌都卡若的居民的创造。在那遥远的时代,卡若居民不仅留下了双体陶罐,还留下了丰富的骨器、石器、动植物遗存和其他遗迹,为今天的考古学家们侦破他们的真实渊源提供了线索。实际上,卡若文化的遗存并不单纯,不少陶器(图2)的器形、纹饰和图案,乃至遗址中所见的房屋遗迹形态,均与西北地区的新石器时代文化有相似之处,而出土的植物遗存中的粟米,也从生业经济的角度证明了藏区与黄河流域的联系。卡若遗址呈现的物质文化面貌,既充满当地特色,又透露着外来文化的影子,证明着这片雪原虽然道途艰险,却自古通达。

图1　新石器时代晚期双体陶罐
　　　昌都卡若遗址出土

图2　新石器时代三角折线纹夹砂黄陶罐
　　　昌都卡若遗址出土

卡若遗址并非史前藏区寂寞的存在，拉萨北郊的曲贡遗址与之并肩闪耀，构成了藏区另一支内涵丰富的史前文化。展览中来自曲贡遗址的陶塑猴面〔图3〕形象简洁而乖萌，不由吸引了人们的目光。在藏族众多的神话传说之中，猕猴是藏人的祖先，它与罗刹女结合，子孙繁衍而成藏族。实际上，猕猴传说并非仅仅存在于藏区，横断山区的众多民族均有类似传说。在这一语境下，曲贡遗址猴面陶塑的形象恐怕并非偶然，在它身上，不仅可能寄托着早期西藏居民的精神与信仰，还可能隐藏着史前人群跋山涉水的相逢与交融。静立的猴面宛如历史的面具，在灯光之下，它似乎欲说还休。

而随着时间的推移，文物上所能见到的天路便也不止一个方向。曲贡遗址的晚期墓葬中出土有一件带柄铜镜〔图4〕，据推测年代约相当于春秋战国时期，颇为特殊。我国黄河流域和长江流域自4000年前的齐家文化以来，铜镜数量甚多，类型丰富，分布广泛，然而带柄者却要到唐宋时期才流行开来，此前极为少见。从世界范围来看，古代铜镜实际分为两大系统，一类为东亚圆板具钮镜系统，一类为流行于西亚、近东和中亚带柄镜系统。曲贡墓地的这件带柄铜镜当属后者。带柄铜镜究竟是"藏产货"还是"进口货"，尚有争议，但它的发现至少意味着，早在公元前7—公元前2世纪，便有那么一条可能曲折、可能坎坷、可能迂回的路，足以让拉萨眺望"西天"的云彩。

图3　新石器时代晚期陶塑猴面
　　　拉萨曲贡遗址出土

图4　早期金属时代铁柄铜镜
　　　拉萨曲贡遗址出土

二、天路通达

史前时代之后，吐蕃诞生之前，西藏地区部落并起，其中，阿里地区的象雄部落一度风骚独领。苯教、藏文、转神山、拜神湖，这些今日藏民标志性的文化要素，都能从象雄部落找到源头。越古老的历史，便留给人们越模糊的想象。而展柜中的黄金面具（图5）、其他黄金制品、最早的"天珠"（图6）和"王侯"文鸟兽纹织锦（图7），则揭开了象雄面纱的一角，让散乱的想象定焦于奢华的光亮，而这抹光亮里隐约透露着复合的色彩。

图5　3世纪黄金面具
　　　阿里地区曲踏墓地出土

图6　3世纪天珠
　　　阿里地区曲踏墓地出土

图7　3世纪"王侯"文鸟兽纹织锦
　　　阿里地区噶尔县故如甲木墓地出土

文献中青藏高原诸部落以黄金为贵，阿里地区出土的黄金制品的制作技法与形态，与同时期匈奴、鲜卑系统的金银制品异曲同工。不止如此，类似的黄金面具，在新疆、尼泊尔等地亦有同款。被藏民视作从天而降的神物"天珠"，却出现在格萨尔王战胜大食国后的战利品名单中，暗示着它在西亚、中亚的老家。至于书写着"王侯"的织锦，它最著名的亲戚，大概是新疆尼雅遗址出土的"五星出东方利中国"锦护臂，汉字本身就昭示了它们的故乡。种种物证串联起来，象雄部落的开放、"国际化"与高原天路的畅通跃然眼前。

象雄部落势力强大，但笑到最后的却是起源于藏南河谷的雅砻部落。这支部落以"蕃"自称，在近千年的时间里逐渐壮大。至 7 世纪时，一位杰出的领袖松赞干布横空出世，率领部落征服了象雄和苏毗等部落，统一了青藏高原。这就是赫赫有名的吐蕃王朝。对象雄的征服，让吐蕃获得了由西面、西南通向迦湿弥罗（今克什米尔一带）、天竺的通道。高原的统一，也让松赞干布成了亚洲国际关系中举足轻重的人物。而这些战果为西藏带来了美丽的意外——佛教。

三、天路佛光

松赞干布统一吐蕃之时，佛教徒在自己的老家印度正日益受到印度教的排挤。不少僧侣不堪其苦，便翻越雪山，一路向东，来到藏区传教。吐蕃宫廷对佛教颇为欢迎，在松赞干布迎娶邻国公主之后尤甚。

松赞干布统一青藏高原之后，风头正健。他对周边国家的外交关系极为重视，以和亲的方式与多个邻邦建立友好关系，先是与泥婆罗（今尼泊尔）联姻，娶尺尊公主。尺尊公主信奉佛教，因此从泥婆罗带来了不动佛像和弥勒菩萨像。此后，松赞干布又与大唐往来，向唐太宗求亲，迎娶大唐文成公主。文成公主并非唐太宗亲生，仅为宗室女，在唐帝国内部原本地位不高。但她入藏之后，千百年来，却被藏族视为非同一般的英雄人物，深受尊崇。这其中当然另有隐情，一来，和亲来之不易，松赞干布多次求亲，屡遭拒绝，一怒之下，接连击败传闻里从中作梗的吐谷浑，又与唐军干了几仗，方才获允和亲。为娶亲付出的代价甚高，自然令人倍加珍视。二来，唐蕃之路难行，文成公主入藏历时3年，难度更胜玄奘取经，而文成公主本身亦信佛教，她为吐蕃带来了释迦牟尼佛像和汉地佛教经典，这后来也成了藏传佛教发展的一大基石。三来，文成公主入藏后9年，松赞干布便去世了，文成公主又在青藏生活了30多年，为唐蕃交流和佛教传播付出甚多。这样一位年轻的女子，长途跋涉于艰险的天路，承担起国家的使命，这番功绩，纵然历经千年，仍能让人衷心感佩。

松赞干布在两位贤妻的辅助下，于佛教藏传有奠基之功。据说大昭寺、小昭寺和拉萨周围的众多小寺，便是松赞干布夫妇所建，而众多佛典也是在松赞干布统治期间开始被翻译为藏文。正因如此，松赞干布被后世视作观世音菩萨的化身，两位公主被视为度母转生（图8）。所谓度母，是观世音菩萨的女性化身，藏语亦称之为"卓玛"。

图8　清铜鎏金松赞干布及二妃像
　　　扎什伦布寺藏

不过，青藏高原一带原本信奉苯教，佛教就算获得了最高统治者赞普的支持，其传播也绝非一帆风顺。传说在修建大昭寺时，白天筑造，晚上建筑就会被苯教人士破坏。松赞干布去世后，吐蕃政权仍多掌握于信奉苯教的贵族之手，在8世纪初，甚至一度爆发了禁佛运动。755年，赤德祖赞与唐金城公主之子赤松德赞即位，在他成年掌握政权之后，为摆脱贵族控制，寻求支持，转向佛教，废除禁佛令，开始在整个藏区推行佛教。同时，他迎请莲花生大师入藏弘法，建立了西藏第一座佛、法、僧三宝齐全的寺庙桑耶寺。面对藏区佛教与苯教的严峻冲突，莲花生大师〔图9〕四两拨千斤，将大量苯教神祇、仪式吸纳入佛教系统，实现了佛教的本土化、通俗化，化解了众多矛盾，减少了佛教传播的阻力，产生了良好的效果。

赤松德赞之后，佛教在高原迅速传播，直至吐蕃末代赞普朗达玛上台，再次因瘟疫和政治宗教斗争，采取灭佛政策。至此，西藏佛教的"前弘期"结束，而青藏高原也因为842年朗达玛的遇刺陷入混乱内战之中。100多年的混乱，让民众不堪其苦，社会稍有安定后，各地便出现了恢复佛教的呼声。于是，拉萨地区的贵族前往今青海一带求法，阿里地区一带的王室前往印度地区求法。1042年，印度名僧阿底峡大师〔图10〕受邀入藏，先后在阿里、拉萨一带传法，这成为藏传佛教"后弘期"的标志性事件。

阿底峡原为王子，入藏前曾在玄奘取经的那烂陀寺担任主持，佛法精深。在其入藏之前，佛教虽已有所复兴，但佛教徒内部争论不休，对经典颇有误解。阿底峡在阿里地区时，撰写藏传佛教名著《菩提道灯论》，强调修持佛法当有次第，当以经典为规范。在阿底峡看来，藏区既不缺乏饱学之士，亦不乏经典，所缺者，唯戒律而已。阿底峡入藏的最大贡献，便是将当时的佛教教理系统化，并使得佛教徒的修持规范化。而他本人也因在藏区的弘法贡献被人称为"第二佛陀"。

阿底峡在阿里传教3年后，原想返回印度，不过禁不住来自拉萨地区的佛教徒们仲敦巴等人的诚心恳求，于是便又赴拉萨一带弘法，直至逝世。此后，仲敦巴于1057年建立热振寺，形成了藏传佛教中的噶当派〔图11〕。噶当派继承阿底峡衣钵，以尊崇经典、严奉戒律而著称。

图 9　清铜鎏金莲花生大师像
　　　首都博物馆藏

图 10　清铜鎏金阿底峡大师像
　　　　布达拉宫管理处藏

图 11　11—13 世纪噶当塔
　　　　西藏博物馆藏

　　实际上，由于吐蕃衰亡之后，各地分裂，不同地区互不统属。而佛教复兴之后与各地领主合作，形成了众多各自为营的政治文化中心。在这一基础之上，滋生出众多的佛教派别。先后崛起的宁玛派、萨迦派、噶举派、格鲁派与噶当派合称藏传佛教的五大支派。而各支派下，又有分派，如噶举派便有"四大八小"支派。教派竞立之势愈演愈烈，至 12 世纪达到高潮。直到 13 世纪时，蒙古大军沿天路而来，为高原带来了新的变化。

四、天路智者

13世纪,成吉思汗的子孙在欧亚大陆纵横驰骋。雄心勃勃的黄金家族并未忘记吐蕃故地。窝阔台汗在位期间,命其次子阔端着手经营西藏地区。阔端领兵驻扎凉州,派遣部将多达率兵直抵拉萨东北一带。多达入藏后随即北撤,向阔端报告西藏各教派的情况,并建议阔端选择当地的宗教领袖合作,共同管理西藏地区。在具体的合作人选方面,多达认为,噶当派寺庙最多,噶举派占地最广,但是萨迦派的班智达学富五明。

所谓五明,是指藏族佛教中的学问,"明"即学问、知识之意。五明有大五明、小五明之分。大五明包括声明、工巧明、医方明、因明、内明,分别指文学、工艺〔图12〕、医学、逻辑、佛学等学问。小五明则是指修辞、辞藻、韵律、戏剧和历算。展览中所见的医学唐卡〔图13〕,既是对"医方明"所达深度的说明,亦是分管绘画的"工巧明"水平的体现。"唐卡"一词源于藏语,意为平面画,是藏传佛教中最为常见的艺术品。

精通五明之人,方能被称为"班智达"——这个词来自梵文,意即"博学的""智慧的"。萨迦派的这位班智达,是西藏第一位"班智达",精通佛法。阔端最终便决定与他合作。1244年,时年63岁的萨迦·班智达前往凉州,还带上了自己的两个侄儿八思巴和恰那多吉。经过两年跋涉,面见阔端会谈之后,萨迦·班智达撰写了著名的《萨迦·班智达致蕃人书》,信中详述了归顺与否的利害关系,号召西藏各派归顺蒙古。

班智达带去的两个孩子,八思巴和恰那多吉,后来成了西藏僧俗两界的顶梁柱石。八思巴奉召随侍忽必烈,因才华出众,先被封为国师,后又加封"帝师"〔图14〕,领衔宣政院〔图15〕,成为掌管西藏行政事务的地方领袖,更成为整个元帝国佛教的首脑。八思巴上任后为西藏的发展乃至帝国的稳定殚精竭虑。他按当时的实际势力将西藏划分为13万户,并调查人口,加强了对西藏的行政管理;主持大修驿道,方便了西藏与朝廷的沟

图 12　明永乐年施刺绣大威德金刚唐卡
　　　　大昭寺藏

图 13　清布画人体经络图唐卡
　　　　西藏博物馆藏

图 14　元大元帝师统领诸国
　　　　僧尼中兴释教之印
　　　　西藏博物馆藏

图 15　元宣政院印章
　　　　西藏博物馆藏

图 16　元白兰王金印（复制品）
　　　　西藏博物馆藏

图 17　元龙泉窑竹节高足杯
　　　　布达拉宫雪域珍宝馆藏

通；此外，他还为元帝国创制蒙古新字"八思巴文"。恰那多吉则深受阔端宠爱，受命修习蒙古语言习俗。忽必烈即位后，将阔端之女许配给恰那多吉，并封之为白兰王（图16），任"藏地三区法官"。萨迦派由此成为西藏居于领导地位的教派，帝师辈出，显赫一时。当初一老二小在西藏内忧外困之际毅然上路、踽踽独行，而当初路上的这番落寞，结束了西藏几百年群龙无首的混乱局面，让西藏融入了元帝国（图17），也让内地重新认识了西藏。

元末明初，萨迦派在政治上日渐失势，西藏出现了另一位佛教大师宗喀巴。他创立的格鲁派，成为现在西藏人数最多、影响最深、规模最大的教派。宗喀巴初修噶当派教法，后广采各派精髓，自成一家。萨迦派僧人掌权之后腐化堕落，渐失人心。宗喀巴提倡严守戒律，修复旧寺，以重振佛教原本的意念与信仰。这些措施针对时弊，宗喀巴本人又佛理精湛，格鲁派一时声名大振。

明初永乐帝邀请西藏佛教领袖人物进京，宗喀巴派自己的大弟子释迦也失前往，释迦也失获封"西天佛子"，后又获封"大慈法王"（图18）。从表面来看，释迦也失不过是朝廷所封三法王之一，然而宗喀巴却因此成为法王之师，地位超然。而更重要的是，格鲁派由此获得了中央政府的认可，影响力大大增强。更值得一提的是，宗喀巴后辈人物中人才辈出，达赖（图19）、班禅两大活佛系统均在宗喀巴的传人中形成。

宗喀巴的弟子根敦朱巴被追认为一世达赖，这一封号实际来自其徒孙索南嘉措。索南嘉措曾受蒙古土默特部俺答汗之邀，出藏前往蒙古传教。

图18　明缂丝大慈法王唐卡（复制品）
　　　罗布林卡藏

图19　清布画五世达赖喇嘛
　　　阿旺・洛桑嘉措传记唐卡
　　　西藏博物馆藏

俺答汗曾大败明军,是当时的强权人物。他对学识渊博的索南嘉措极为推崇,称之为"达赖喇嘛"。"达赖"一词源于蒙古语,意为大海;"喇嘛"为藏语,意为上师。既然索南嘉措之学问足称"达赖",则师父师祖也应追认为"达赖",因此虽然索南嘉措最先拥有达赖喇嘛的称号,但他却是三世达赖,其师祖师父分别被追认为一世、二世达赖。

宗喀巴的另一位弟子格勒巴桑被追认为一世班禅,这一封号实际始于四世班禅罗桑却吉坚赞。罗桑却吉坚赞雄才大略,在西藏内乱之际,主持了五世达赖的转世,并与当时掌控全藏的固始汗商议,派人与当时尚未入关的满人联系,建立了满、蒙、藏三方联盟。固始汗对罗桑却吉坚赞衷心佩服,赠予他"班禅博克多"的称号。班禅为"大班智达"之意,"博克多"为蒙古语,意为睿智英武。至康熙时,又为五世班禅加上了"额尔德尼"的封号,"额尔德尼"为蒙古语,意为珍宝、宝贝。

达赖、班禅的封号融合了藏、蒙、满、梵多种语言,在这背后透露着青藏天路上一个个扎实而深刻的脚印。元明清三代,一股股中原之风频拂

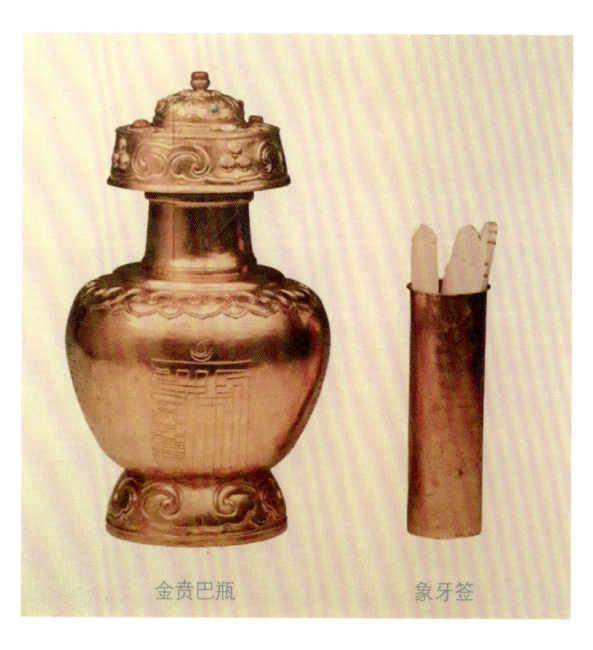

金贲巴瓶　　象牙签　　图20　掣签金瓶展板

西藏，从屡封帝师、法王到金瓶掣签（图20），理顺了藏区曾经的纷乱。从掌释教到藏传佛教东传，藏传佛教寺庙遍布京畿，声闻神州。雪域之路，自古艰险，然而既然已"和同为一家"，高原上下两端的杰出人物们，便不避险阻，一再踏上这条天路。这既是为了圣洁之地的喜乐安康，更是为了海内血脉的不息流动。

展厅核心堆砌出雪白的建筑模型，意在模仿西藏的标志布达拉宫，似乎又是在呼应人们对于雪域气质的想象。在被模型分割的空间中，一件件文物透露着西藏的一张张侧脸，一重重光彩讲述着西藏的一件件往事。那片看似与世隔绝的纯净之所，并不曾孤僻地存在过。从远古第一抔土的塑造开始，创造着这片净土文明的人们便从未停下往来奔忙的步伐。一条条前人踏出的天路，指引着它粗壮根系、蜿蜒源流的方向。沿着天路，千百年源源不断的奔流与积累，荟萃成今日净土的光芒；沿着天路，千百年生生不息的穿行与成长，让这片净土的光芒散发出阵阵檀香。

相关图录

　　首都博物馆、西藏博物馆：《天路文华：西藏历史文化展》，科学出版社，2018年。

延展阅读

　　王尧：《走近藏传佛教》，中华书局，2013年。
　　霍巍：《青藏高原考古研究》，北京师范大学出版社，2016年。

三晋的色彩

展览名称：山西博物院藏古代壁画艺术展
展览地点：上海　上海博物馆
展览时间：2017年11月30日至2018年3月4日
展品数量：12组，计89件

今人对古代的想象多来源于古装大片。然而古装大片的模仿来源又是哪里？就算我国的历史文本再卷帙浩繁，仅靠文字也并不足以想象还原出古代生活的种种画面。传世绘画固然为历史场景提供了参考，然而古画真伪的讨论却总是艺术史界"青春永驻"的话题。幸而20世纪初，傅斯年振臂一呼，"上穷碧落下黄泉，动手动脚找东西"，为历史研究提供了全新的史料。众多墓室壁画也在时代新兴的研究潮流中，成为古代生活画面最为可靠的想象来源之一。

然而，静止于墙壁的画作，远不如卷轴画易于在博物馆中展示——移墙动壁、大动干戈不说，出土壁画脆弱，稍有风吹草动，便易损毁剥落。壁画真容往往由此"养在深闺人未识"。而正因如此，2017年底上海博物馆不惜拆掉大门，也要举办的这场"山西博物院藏古代壁画艺术展"便尤为难得。在中国近现代以来的考古发现史中,山西地区出土的古代壁画墓以量多质精而著称,其中又以北朝、宋元两个时期最为引人注目。

一、北朝壁画墓:"肉食者"的富贵威仪

步入展厅,首先映入眼帘的是戎马倥偬的斑驳画面〔图1〕。这些壁画来自北齐娄叡墓。说起娄叡,或略觉陌生,但说起他的姑父高欢,想必大家耳熟能详。娄叡身为北齐外戚,原本就自带光环,而其自少时便追随姑父南征北讨,立下赫赫战功,被封为东安王,是北齐贵族集团中颇具实力的人物。娄叡身份显赫,去世时恩宠正隆,其墓中出土壁画,自然不同凡响。

娄叡墓规模宏大,墓壁全部绘制有壁画。1979年出土时,除少量因年代原因漫漶脱落外,大部分保存较好。经考古人员统计,当时存有壁画71幅,

图1　娄叡墓壁画(局部)

面积约200平方米。壁画内容主要包括生前宦途生涯、祥瑞天象两大部分。娄叡戎马一生，战功卓著，其仕宦生涯自然是重点表现的内容，涉及这一内容的壁画数量达58幅，按其内容，又可细分为鞍马游骑、军乐仪仗、门卫仪仗、禄爵显赫四组。上海博物馆选取了其中最为精彩的鞍马游骑部分予以展示。此部分原位于墓道东西两壁的上、中层，据专家研究，其应当是鲜卑贵族外出与归来时从行部众的写照。驻足展柜之前，但见人物骏马，顾盼神飞，造型精准，多种色彩穿插使用，使得人、马精神气度，跃然壁面（图2）。

娄叡墓壁画自发现以来，便引人注目。迄今为止，东魏北齐墓葬共发现约350座，其中壁画墓仅25座，大型壁画墓更是屈指可数。而娄叡墓年代明确，墓主身份清晰，在大型壁画墓中具有时代和社会等级的标尺性意义。若从画史的角度考虑，娄叡墓壁画更耐人寻味。三国两晋南北朝时期是中国画史的"神话时代"——史料中终于有了画家们的传说，市面上却难见他们的真迹。今人仅能从寥寥几幅后世摹本之中，去想象"象人之美，张（僧繇）得其肉，陆（探微）得其骨，顾（恺之）得其神"的风采。不过，南方顾恺之、张僧繇等至少尚有摹本或同时代同类画风的作品传世，供人琢磨探究，北方地区以"画圣"之名著称的杨子华，之前却鲜见作品传世。直至娄叡墓出土之后，考古学家宿白先生率先指出，娄叡墓壁画可能出自北齐宫廷画家之手，而在北齐宫廷画家之中，杨子华以"鞍马人物为胜"。宿白先生认为，"……（娄）叡晚年益得皇室重视可以推知。因此，此墓壁画或得诏特许杨子华挥毫，也非不可能的事"。根据宿白先生的这一推断，美术史家金维诺先生将收藏于波士顿美术馆的《北齐校书图》与娄叡墓壁画并置，并结合张彦远《历代名画记》等文献，探讨并推定了杨子华的绘画风格。若循金维诺先生的理路，将娄叡墓壁画与《北齐校书图》对比，则容易看出，虽然娄叡墓壁画所展现以鞍马人物为主，《北齐校书图》以文人墨客为主，但人物与鞍马造型，却可见共同的时代风格。人物皆面长，圆额丰颐，服饰疏简得体。而马匹的塑造，有《历代名画记》中所描绘的杨子华"尝画马于壁，夜听蹄啮长鸣，如索水草"的风采。画史上的一个谜团，伴随着娄叡墓壁画的出土，而拨云见日。

图 2　娄叡墓壁画（局部）

驻足展柜之前，尽览北齐画风，不禁有隔世之感。然而兴叹之余，又不免略感遗憾。将画作片段截取，于画中色彩内容无伤，却丢失了娄叡墓壁画原本的空间结构。若从壁画功能考虑，壁画在墓葬中的空间位置和次序安排，原本也是重要的信息来源。单幅画面仿佛单词短语，而众多画面的排列方法则近似于句法结构。辞章华美，而语句不明，自然令人意兴阑珊。展厅空间有限，实难周全。

策展者或考虑到这一缺憾，力图于展线中的第二座壁画墓的展示中力挽狂澜。朔州水泉梁北齐壁画墓是2008年发现的另一座北齐壁画墓，其规模小于娄叡墓，壁画保存相对完好，内容包括鞍马仪仗、伎乐侍从、天象四神等众多题材（图3）。为使观众获得浸入式体验，策展团队按原比例复原了此墓墓室，更安排工作人员引导观众，限流参观。身处复原墓室之中，仰观"天象"，环视四周，自可感受北朝贵族为自己在封闭空间之中营造出的一番乾坤宇宙与缤纷热闹。

二、宋元壁画墓："中产阶级"的"小确幸"

山西地区北朝壁画墓寥若晨星，至宋元时期，壁画墓则风行一时，屡见不鲜。这与壁画墓的使用阶层颇有关联。目前所见北朝壁画墓使用者多为当时的高级贵族，至宋元时期，壁画墓的使用阶层下行，以家境殷实的地主富商居多。两种阶层的人口基数本就不同，考古所能发现的数量自然差异极大。使用者身份变化，其墓葬壁画的内容自然也随之变迁。北朝贵族原是来自草原的战斗民族，南北朝又逢乱世，壁画内容自然以军马仪仗为多，展现贵族的气派与威仪。宋代正值社会阶层关系变化之际，皇室官僚虽于丧葬礼制多有规定，不允许庶人在墓葬中雕梁画牖，但这些规定却非硬性，于地主富商少有约束力。经济地位的崛起，让那个时代的"中产阶级"自有一套文化选择，在墓葬壁画中所表现的，自然也与自己生活中的点点滴滴相关。

图 3 朔州水泉梁北齐壁画墓（局部）

最让现代人珍视的财产大概莫过于房子，宋元时期的人们恐怕亦如是，若非如此，何以即便在墓葬之中，也要处处透露出"我有房"的傲娇得意呢？据不完全统计，在北方地区的宋元壁画墓中，出现门窗题材的比例高达73%，而门与窗出现的位置则多在墓葬四面正方向的居中位置，显示出它们暗示墓葬结构的关键性意义。由此可见，门窗题材实为这些壁画墓中最为基本也最为重要的内容。它们配合着墓葬上层空间绘出的仿木结构斗拱，共同暗示了墓主恋恋不舍的房子或院落。

墓室中绘出门窗，另有一层鲜为人知的好处。生者居所，往往是院落几重、房屋数间，以求宽敞适意。古人事死如生，宋元之前，贵族富豪营墓规模宏大，主室之外，尚有不少附属耳室，以模拟生前豪贵。于宋元地主富商而言，营建多室墓，不免浪费资财——死者横尸墓底，仰观墓顶，又无须移动，何必为之多此一举？但若不为此举，似又嫌不孝。而在墓中绘制门窗，则既节省了营墓成本，又隐喻了门后更广阔的空间，既显孝心，又省心力，何乐而不为？细节之处，自能见宋代商业浪潮之下，古人节省成本、顾全颜面的一番苦心。

若墓中仅有门窗，则不免显得宋元富户家徒四壁。门窗之间的空隙，正是展开生死想象的最佳空间。墓室绝非单纯地模拟生者世界，而是多重元素的叠加。如展览中所见的山西繁峙南关村金代壁画墓，是出土壁画墓葬中壁画保存较好的一座。在门窗之间，不仅有现实可见的男女侍从、财帛进奉，亦有阴宅特有的丘墓神煞。如东南壁右侧绘有一老翁，东北壁、西北壁绘有文官武士，与侍者并列颇显突兀，对照古代葬书，推测他们应当都是墓中神煞，其于墓主及其后人吉凶颇有影响。除此之外，墓中尚绘有竹林仙鹤、金乌玉兔，更赋予墓室一重宇宙自然的含意。现实、神煞、日月，一方墓室之中，却容纳有不同性质的多重人物意象，这正透射出墓葬中所隐含的复杂寄托。

墓室壁画题材的基本结构虽由门窗勾勒，但随着时代和地域的变迁，门窗间具体物象安排，却可大有差别。如阳泉东村元墓，虽然题材中也包含有门窗，然而对此题材的强调却不如南关村金墓。墓室后壁以墓主人夫妇并坐图为轴心，备茶、伎乐、侍酒、孝行、驮运等图像依次排开，尽显彼时彼地的生活情境。上博展厅空间无力以复原之态展示此墓，若细观图像排列，自可发现，虽然众多题材汇聚一墓，但题材安排实际仍有讲究。此墓为八角形墓，墓主人夫妇并坐图位于墓室北壁，与南壁墓门相对，墓门一侧东南壁、西南壁壁画，均为室外场景，绘有驮运、鞍马人物等，东西壁为非现实的孝行图，围绕着墓主人夫妇并坐图像的西北壁和东北壁则为室内场景。循着壁画的排列次序，自然可以感受到浓郁的生活氛围和情感诉求。生时，家中有茶有酒有伎乐，门外自有人牵骆驼、马匹而来，或交易或交租，生意兴隆，生活兴旺。东西两壁的孝行图，则在墓室中烘托出"孝"的氛围，反映了当时宋元之际的普通家庭中的一般信仰。宋元之际的"中产阶级"的生活理想，大抵不过是这方方面面的汇总。虽比不了北朝贵族墓葬中透露出的威严气派，但却也留给发现他们的后人一股"小确幸"的温馨。

史书中的记载往往宏大曲折，而无论贵族还是平民，往日生活中的光彩都会在时间的流逝中，慢慢在人群的记忆中淡漠，历史的细节光泽也随之隐没。所幸，古人对逝者的善意和祈愿，长久地留存在地下隐秘幽暗的洞穴中。在考古手铲执着的探索中，缤纷的壁画令昨日重现，唤起了今人对历史画面的追忆。那或许是钟鸣鼎食的排场，那或许是备茶小酌的雅趣，不同的情境，背后却折射着对凡尘幸福相似的眷恋。而这种眷恋，或许也让展柜前的我们与古人心意相通。

相关图录

  上海博物馆：《百代过客：山西博物院藏古代壁画艺术精品集》，上海书画出版社，2017年。

延展阅读

  上海博物馆：《壁上观：细读山西古代壁画》，北京大学出版社，2017年。

谁的宝贝

展览名称：江口沉银——四川彭山江口古战场遗址考古成果展
展览地点：北京　中国国家博物馆
展览时间：2018年6月26日至2018年9月26日
展品数量：500余件（套）

清顺治三年（1646年），也是大西政权的大顺三年，彭山江口船上的大西皇帝张献忠，回望江上冲天烈火，想必心情复杂。

两年前，农民起义军的声势达到了顶点。他所率领的大西军和李自成大顺军一南一北，遥相呼应，已成燎原之势。崇祯皇帝自即位起，便开始着手剿"匪"。专业剿"匪"17年，剿抚并用，智计百出，机关算尽，不料"匪"却越剿越多，终于杀到了家门口。清于东北蛰伏，虽然摩拳擦掌，想要分羹一杯，却也不敢轻举妄动。那时天下，说起李自成、张献忠两位大王，谁不眉宇耸动？

没承想短短两年间，形势急转直下。吴三桂先降后叛，清入关。李自成拥重兵出京转移，却死于非命。张献忠驻川，本欲裂地为王，称霸一方，无奈北有清兵气势汹汹，南有南明死灰复燃，大西内部也是矛盾重重。张献忠不愿死守锦官城，但出了成都又该往哪里去？他举棋不定。陕西老家已被清兵占领，难以北上，那便再一次出川入楚吧。不料于江口水路遭遇南明参将杨展伏击，大西军损失惨重。8个月后，大西皇帝被迫向东突围，却在西充被清兵一箭穿胸，他一生的轰轰烈烈戛然而止。

张献忠的是非功罪难下定论，他身后的财富却令人眼红。江口熊熊火光，几乎烧沉了大西的希望，却"烧"出了一段流传不息的童谣："石牛对石鼓，银子万万五。有人识得破，买尽成都府。"这童谣到底是不是空穴来风？江口一带究竟是否有"银子万万五"？倘若有，这些沉银又是何面目？

2017年十大考古新发现之一"江口沉银"出土文物精品于2008年6月入驻国博，或能为我们揭开历史面纱的一角。

一、大西夺宝

民间流传的沉银传说，都与张献忠江口之战有关。但展览开头的几件文物却把历史拉进了更广阔的空间。头一件是独立展柜中的"永昌大元帅"金印〔图1〕。此件文物系盗挖，后被追缴。倒卖过程中它曾被卖出了800万

图1 虎钮"永昌大元帅"金印

的高价。这件罕见的金印首先给所有人提了一个难题：铸造于癸未年（1643年）仲冬的它到底是李自成的还是张献忠的？众所周知，1644年正月初一，李自成建国大顺，年号永昌。而张献忠自1643年起，便自称西王，到1644年称帝后，年号为大顺，似是对李自成的回应。那么现身江口的"永昌大元帅"到底指谁？此印又有何来历？此物甫出，便引得学界争论不休。置身事外，细思美物流转背后的风起云涌，却令人无限感怀。

没头没脑的"永昌大元帅"让人困惑，"自述身世"的金锭则令人心情复杂。沿展线前行两步便可看到长沙府"岁供王府"五十两金锭（图2），上有錾刻铭文"长沙府天启元年分岁供王府足金伍拾两正吏杨旭匠赵"，可知此金锭原为长沙府上供藩王府的岁供黄金。张献忠于崇祯十六年（1643年）八月占领长沙，至同年冬天，几乎占领湖南全境，此金锭想必为这一时期从明藩王府中所掠。与抢掠藩王相对的是，占领长沙之时，张献忠宣布3年免征税粮，民众欢呼雀跃。明末农民起义多因明王朝横征暴敛而揭竿起义，免征税粮自是胜利后的题中之义。但是不征民税，何以支撑起义军的进一步发展？

图2 长沙府"岁供王府"五十两金锭

金锭便是答案——找官府、王爷、富户追赃助饷。明代末年，贫者无立锥之地，连不少官军都一贫如洗，而各地藩王府库之中却普遍积金银百万。崇祯十四年（1641年）张献忠攻破襄阳之后，抄没襄王府，然后"发银五十万以赈饥民"；同年李自成攻打洛阳，有人劝洛阳城中福王朱常洵拿出自己的金银解决军饷问题，以鼓舞士气，解燃眉之急。但朱常洵爱财如命，一毛不拔，李自成攻破洛阳后，抄没王府，看到福王府库金银堆积如山，不由怒斥福王；崇祯十六年（1643年），张献忠攻破武昌，抄楚王府，楚王宫中金银各百万，拉了上百车，张献忠叹道："有如此金钱不能设守，朱胡子真庸儿。"各地王府富甲天下，财富又从何来？无非是苛捐杂税、敲骨吸髓。取之于民，却不曾用之于民，那么走投无路的民众只能自己再夺回来。身世坎坷的金锭微光闪烁，交织着明末民众的饥寒交迫与藩王高官的穷奢极侈，折射着起义军的愤怒与显贵的吝啬。

早先起义军流动作战，抢掠富户金银宝货（图3），可助为军饷，壮大实力。但张献忠四川称帝之后，仍以此道作为政权的经济来源，虽是迫于紧张的形势，却也暴露了他的局限。明史专家顾诚先生认为："从现有材

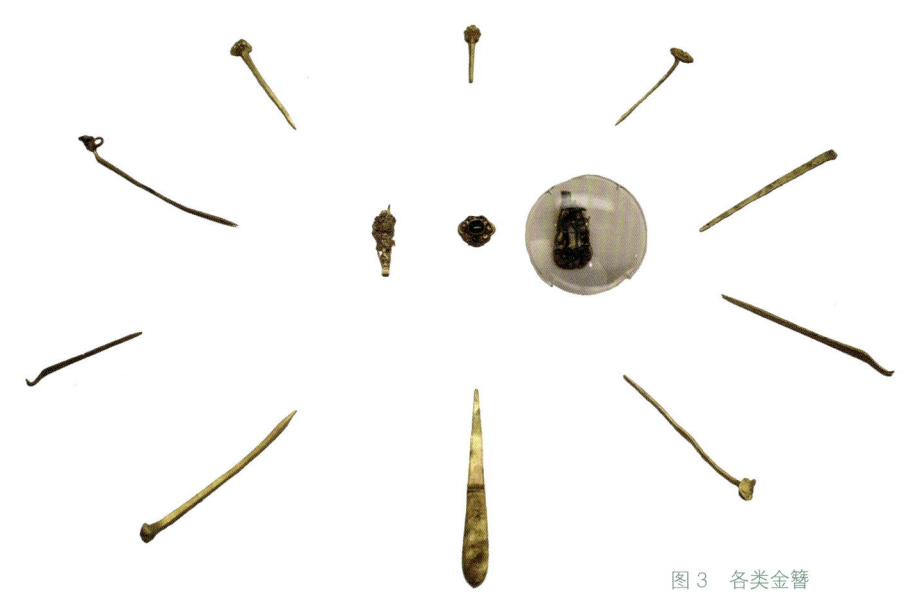

图3　各类金簪

图4　明廷册封荣王朱载墐金册　　　　图5　张献忠册封嫔妃金册

料来看,大西政权在四川没有实行按土地或人口征收赋税的政策。几十万大军和各级政权的消费,基本上是依赖没收和打粮。……明末社会中,家有余粮的固然主要是地主,可是这种见粮就拿,见猪就杀的政策,必然要侵犯到一般农民的利益。……它不仅不利于恢复和发展社会生产,而且必然导致生产的萎缩和停顿。这不能不说是大西政权在四川站不住脚的重要原因之一。"[1] 解决了温饱问题的起义军,若想拥有稳固的根据地和大后方,若想在群雄之中异军突起、争霸天下,最重要的"宝货"便不再是金银,而是人才与人心。当了皇帝的张献忠,夺取金银得心应手,用起金银来也是有模有样（图4、图5）,但却在内忧外困的局面下,疑神疑鬼,渐失初心。

1　顾诚:《明末农民战争史》,光明日报出版社,2012年。

图6 篙杆头
江口古战场遗址出土

南明弘光政权建立后，原本投诚大西的官绅地主纷纷叛乱。张献忠察觉到这股势力之后，认为读书人一般多出于官绅家庭，遂以举办科举考试选拔人才为名，让各州县将生员送至成都，尽皆屠戮，杀了5000余人，以此报复官绅的叛乱。而各州县一旦发生叛乱，张献忠往往不分良莠，滥杀无辜，这一切让大西政权渐失民心。江口一战（图6），张献忠失宝，宝货却并非失于江口，而在他杀红眼睛、挥刀滥杀的一刹那。

二、南明夺宝

有人失宝，便有人夺宝。张献忠仓皇败退，却便宜了与他作战的南明将领杨展。杨展出身武进士，颇有将才，屡与大西军作战，屡战屡胜，收复失地不少。杨展原以为江口之战不过是又一场大胜罢了，直到听说渔夫从江中捞出了金银，才知道这次张献忠不仅丢盔弃甲，还留给了自己一笔财宝。明末军队，谁不缺粮少饷？杨展赶紧组织士兵打捞。张献忠贮存金银很有特色，以木鞘盛装（图7），便于整理运输。杨展得知这一情况，很快便摸索到了打捞沉银最有效率的办法，"展令以长枪群探于江中，遇木鞘则钉而出之，周列营外，数日已高与城等"。看来杨展这场打捞，所获颇丰。

图7 藏银木鞘
　　　江口古战场遗址出土

图8 明税银、饷银
　　　江口古战场遗址出土

　　将木鞘打开，露出一锭锭银子，杨展可能会长舒一口气。但若细细观览银锭上标记的文字，杨展又会有何感想呢？从今天的考古出土遗物来看，这些银锭不少都是明代税银（图8），名目繁多，"粮银""饷银""禄银""行税银"，让人眼花缭乱，税银地域涉及河南、湖广、四川、江西、两广等广大地域。正是这形形色色的税种名目，一条条压在明末百姓头上，压得他们透不过气来；也一条条压在大明的江山之上，让这堆积如山的银子,成了压垮大明的稻草,成了引爆大明的炸药,也成了农民起义军横行天下的资本。全国各地的税银同沉江口,亦暗示了张献忠起义以来的行军路线。世人皆道张献忠入川杀人如麻,如鬼似魔,但若无群众基础,其如何纵横半个天下十几年?其实直至张献忠阵亡的前一年(1645年),大西政权仍军纪严明。展览中所见的《大西骁骑营都督府刘禁约》碑拓片明确记载,大西政权力求"兵民守分相安"(图9)。是局面的恶化,让张献忠失去了理智。明遗民与清代士人的夸大其词,也让世人加深了对张献忠"杀人魔王"的印象。比如清初毛奇龄说,张献忠于顺治三年(1646年)所杀人数接近7亿。明后期全国人口不过6000多万,毛奇龄所言自然是不实之词。天下税银积于张献忠处,并非其"屠川"所得,而是腐败堕落的明王朝拱手相送。沉银江口,才似是张献忠末期倒行逆施的报应。

图9 《大西骁骑营都督府刘禁约》碑拓片展板

不知是否因为杨展看透了这财富背后的一切,他并未将张献忠的这份大礼独吞,而是将这笔意外之财分作两份,一份养兵,一份济民。有赖于此,当时蜀地唯有杨展家乡嘉定不饥,杨展军队亦以富强著称。

然而纵观全局,南明小朝廷全盘继承了大明的腐朽衣钵。江口之战后的第3年,杨展本人终因粮饷卷入内讧,被自己人李乾德等阴谋杀害。李乾德等人以为杨展藏宝,于杨展府中大肆搜索,当然无甚所获。杨展夺宝,用"宝"亦得精髓,然而却仅得解一时一地之厄。大明失其"宝"久矣,早已无力回天,浊流滔滔中,谁又能独善其身呢?

三、"夺宝奇兵"

大江东去,浪淘不尽的,是代代相传的故事和沉积河底的宝藏。杨展为打捞沉银之始,此后"浑水摸银"之事,层出不穷。2014年5月,江口战场遗址发生特大盗掘案件,涉案文物交易金额高达3亿。触目惊心的案件,当然让我国文化遗产的保护者和管理者坐立难安,抢救性发掘势在必行。

既然决心要挖,那么"怎么挖"便成了一个大问题。江口战场遗址位于岷江河道内,按理说应当采用水下考古的方法进行发掘。但古代战场遗址面积过大,遗物沉积较深,水下往往情况复杂,如直接采用潜水发掘的方法,一来难度较高,二来我国水下考古队员数量有限,难以应对。面对如此困境,四川省的考古工作者创造性地采用了围堰考古的方法(图10)。简单说来,就是在确定发掘范围之后,于岷江枯水季人工围堰,然后利用大功率抽水泵将堰内积水排出,将考古发掘区由水下变为陆上。这大大降低了发掘阶段的操作难度,客观上使得更多的工作人员得以进入发掘区进行操作。

围堰造陆虽然能够利用大型机械提高发掘阶段的效率,但于河道中生生造出一片陆地来,却也是费了九牛二虎之力。既然埋银之地已现,那自然要精锐尽出,"榨干"遗址信息,不留遗憾。因此,江口战场遗址考古工作中动用的各项科技装备堪称顶配（图11）。展厅中呈现的3D影像（图12）记录便可略窥一斑——泥土里打滚儿的考古工作居然也有一天会变得"酷炫"起来，怎不令人欢欣鼓舞？

图10　围堰考古工地俯瞰展板

图11　"大地鹰"智能化测绘无人机

图12　博物馆展厅中四面沉浸式投影区域展示3D模型

而此次工作最堪称道之处,在于它打响了考古发掘的"人民战争"。虽然已经将水下考古变成了陆上考古,但大规模战场遗址的发掘仍令人手捉襟见肘。当此之时,考古队打破了考古工作的惯例与"界线",于网络遍发"英雄帖",征集、选拔志愿者参与江口遗址考古的第一现场,让整个考古过程成了一场别开生面的公众考古实践,让志愿者成为真正的"夺宝奇兵"。江口出土的42000多件文物,像是经历了几百年时空隧道中的一场轮回:取之于民的宝藏,在帝王将相英雄豪杰的府库行船中流转,经历长久的隐匿、沉默和寻找,又经历公众之手再现人间。大明、大西、大顺、大清,都曾经牢牢把握人心,却最终或缓慢或迅速地失去,只剩下手中握不住的沉银,而公众参与的江口考古却于此返璞归真。沉银之为宝,由古至今,不过是一种载体;沉银背后的人,才是"宝"的实质。

江口战场的点点滴滴,放之于中华大地,不过微微一点,但却似宏大时代的重叠缩影。藩王累积重宝,难逃一死;西王十数年劫掠,不过沉银。金银宝货,不过是过眼云烟。这芸芸众生,才蕴含真谛。道理如此简单,然而就算参透,人又能有几时清醒、几番践行呢?

相关图录

王春法:《江口沉银:四川彭山江口古战场遗址考古成果》,北京时代华文书局,2018年。

延展阅读

顾诚:《明末农民战争史》,光明日报出版社,2012年。

河西走廊的历史重影

展览名称：丝路孔道——甘肃文物菁华展
展览地点：北京　中国国家博物馆
展览时间：2019年5月16日至2019年8月18日
展品数量：600件（套）

说起甘肃，最有存在感的，仿佛是……拉面？而当翻开甘肃地图，一条东西纵横的道路仿佛一道筋脉，支起了甘肃的主心骨。拉面形象的蜿蜒与口感的筋道，与串起甘肃的东西干道的空间感和苍凉的时间感如此相像，或许正是同一方水土表里内外的统一。兰州拉面的形态丰富，从毛细到大宽，变幻多姿；而贯穿甘肃的河西走廊同样多彩，从史前到如今，它面目斑驳。2019年5月16日至8月18日，中国国家博物馆试图用"丝路孔道——甘肃文物菁华展"，条分缕析地一层层揭开这古老孔道上的诸般"味道"。

一、彩陶之路

步入展览序厅，全画幅的曲面展板上是甘肃

图1 人形彩陶罐
四坝文化

图2 变体神人纹彩陶瓮
马家窑文化马厂类型

绵亘起伏的复杂地貌,而在这广袤大地的背景下,聚光灯打在展厅中央的独立展柜上,一位身姿挺拔、肩宽脚大的彩陶男子,双手插兜,有些满不在乎地望着他所站立的土地(图1)。这件人形彩陶其实是一个中空的罐子。他全部的特征向我们暗示了陇原大地上那群先民天生的性格——注重实际又不乏生活情趣,活泼灵动,无拘无束。这性格或是因河西走廊天然的交流便捷而生,而其最初的承载者,正是彩陶。

甘肃号称"彩陶之乡"。这一美誉首先立足于其彩陶发现异常丰富,从秦安大地湾开始,在马家窑、半山、马厂、齐家等诸多遗址中发现了器形多样、异彩纷呈的彩陶(图2)。碗、盆、瓶、罐等器型昭示了甘肃先民的日常生活,鱼、鸟、蛙等纹饰暗示着他们的精神世界,而其中更能窥探到中国艺术萌芽中的奥秘。展览中的两件鱼纹盆(图3、图4),是中国艺术研究中的经典物件。学者们由地层获知它们的相对年代,继而揭示出艺术形象由写实到抽象的普遍规律。

作为史前文明活跃而重要的部分,人们自然关心这交通要道上的彩陶究竟来自何方。这一问题在中国的学术史上曾有过非同一般的分量。

图3 写实鱼纹彩陶盆
　　　大地湾二期文化

图4 变体鱼纹彩陶盆
　　　大地湾二期文化

　　1923年,行走于甘肃的瑞典地质学家安特生极为兴奋,因为甘肃之行,让他和他的助手先后发现了辛店、齐家、马家窑、半山、马厂等遗址——甘肃地区的重要彩陶文化几乎被其"一网打尽"。在此之前,他认为自己于1921年发现的仰韶彩陶很有可能来自中亚,并提出了彩陶由西向东的假说。甘肃地处东西交通要道,此地发现的彩陶不正好可以成为自己学术观点的支撑吗?通过对彩陶排序,安特生认为以甘肃为中心的齐家文化早于当地的仰韶文化,也就是说,西北地区的彩陶文化要比中原的彩陶文化更早产生,所以仰韶文化应当是由西方传入。这就是著名的"仰韶文化西来说"。由于仰韶文化当时被认为是中华文化的源流,因此这一假说也常被称为"中国文化西来说"。

　　20世纪初的中国虽然山河破碎,但国人至少仍能以中华文化的独特性和延续性而自豪。然而此说一出,石破天惊。甘肃彩陶的发现连缀起了完整的彩陶之路,但是这方向到底向东还是向西,对当时学界乃至民众心态上的意义大不相同。解铃还须系铃人,想要反驳安特生,关键的证据仍要在甘肃寻找。20世纪40年代,夏鼐先生发现甘肃齐家文化地层位于仰韶文化地层之上，这一证据明确表明甘肃的齐家文化晚于中原的仰韶文化。此后30年在甘肃地区的一系列发现，以确凿的地层关系明确了仰韶文化早于以甘肃地区为中心的马家窑、半山、马厂、齐家等诸文化。"中国文化西来说"由此不攻自破。

如今越来越多的证据表明，河西走廊是一条东方彩陶文化西传的重要通道。而信步于展厅中，那一件件彩陶承载的，不只是几千年前东西人群的交融，也是百年前东西再次邂逅时，中华民族一段特殊的心路。

二、青铜之路

如今我们重新审视文明的交流，早已能够以平常心视之。文化的交流总是你来我往，风云变幻。在不同的时代，孔道总在那里，但主题却在变换。马家窑文化林家遗址出土的含锡青铜刀被认为是迄今为止发现的中国最早的青铜器（图5），它揭开了中国青铜时代的序幕，也为我们探究中国青铜的来源提供了线索。

青铜部分的展陈并未被设计出绵延连续的展线，两列展柜对峙而立，柜中展品明显呈现出迥异的风格。一列展柜器形以鼎、簋、爵、觚等中原流行的青铜礼器为主（图6），另一列展柜的器类则多是刀、斧、匕、镞等工具为主（图7）。如此设计，是为了突出甘肃青铜文化的复杂，其既包含中原地区的青铜器物，亦包含有来自欧亚草原的青铜器。青铜器是中国文明的象征，因此，中国的青铜器究竟如何起源，一直是人们孜孜以求的问题。

实际上，"青铜时代"这个词原本来自西方，是丹麦国家博物馆保管员汤姆森为整理博物馆中的藏品而做出的一种概括。汤姆森的总结立足于西方考古学研究中发现的大量青铜器工具，因此这一术语与"石器时代""铁器时代"并列，具有某种生产力进步的内涵。中国夏商周三代青铜器的样貌与西方大相径庭，中国的青铜被称为吉金，是王室贵族的珍

图 5　青铜刀
　　　林家遗址出土

图 6　西周兽面纹青铜鼎

图 7　青铜空首斧
　　　四坝文化

宝，他们可不舍得用这些美好的材料做工具，而是把这最珍贵的材料制成礼器，奉献给祖先，以保佑国家与家族。由此而观，中西虽然皆有青铜器，但器类、用途乃至其背后折射的人群观念均不相同，似很难混为一谈。

　　但在甘肃，这两类青铜器似乎发生了邂逅。空间上的共存，并不能证明时间中的共生。早在20世纪90年代，著名考古学家安志敏先生就指出，中国的早期青铜器很可能是由西经河西走廊而来。在甘肃地区，西来的青铜器传统年代更早。地理位置使其成为孔道，但甘肃先民并不只是西来青铜器的运输者。最新的冶金考古证据表明，他们也参与了冶金技术的改造与本土化过程。甘肃地区应是冶金技术进一步向东传播的"策源地"。当冶金技术传至中原，强势的夏商周族群塑造了富有特色的中原青铜文化之后，又将其创新生产的青铜器向外传播至其势力能够到达的范围。甘肃地

图 8　西周勾珥铜簋

区作为商周势力的西界，当然为统治者所重视（图8）。由此，东西两方的青铜器便在河西走廊相遇。在这条廊道上，青铜器来来往往，遥望东方，已有大国的光芒。

三、统一之路

在传统的历史叙事中，中华文明政治与文化的核心区似乎始终是在中原变换，无论是由西向东，还是南北交替，大体的地理范围不出黄河中下游地区和长江中下游地区。与这些地区相比，甘肃毕竟偏远，略显边缘。但若在史书中寻根究底，建立了第一个大一统王朝的秦人，其发源地便似在甘肃。近年来，随着大堡子山、马家塬等一系列重量级遗址的发现，史书中模糊的记录被清晰地定位，早期秦人称霸西戎的辉煌、秦与戎的纠缠，在一件件文物上获得了答案。

秦人崛起与西周的西部战略密切相关。周宣王时，命秦仲征伐西戎，秦仲虽然失败被杀，但子承父业，其长子秦庄公率领其兄弟大获成功，不仅得报父仇，还占据了一片属于自己的地盘。周幽王父子内斗，犬戎进逼之时，并非所有的诸侯都无动于衷，秦庄公的孙子秦襄公便曾率兵勤王，后来周幽王被杀、周平王宜臼无法控制局面时,又是秦襄公派兵护送周平王迁都至洛阳。作为回报,周平王许诺,只要秦人能把被戎人占领的岐山以西的土地打下来,那么这些土地就都为秦人所有。政策的开放刺激了秦人的野心,也让秦人迅速地拿到了周平王给他们画下的大饼。这是史书所记录的秦人的最初创业。如今的考古发现将他们的创业基地锁定在甘肃礼县大堡子山一带。

展览中的秦子青铜镈钟(图9),便是出自大堡子山的重量级文物。这件青铜器体量巨大,纹饰奇诡张扬,显示出卓尔不群的气质。细观其器体下方的鼓部,可见铭文28字,中有"秦子"字样,记录了这件镈钟的身份。实际上,在出土青铜镈钟的乐器坑中出土有镈钟3件,甬钟8件,还有石磬10件,足以组成一支小型乐队。人们谈及秦王赵王渑池之会,蔺相如在乐器演奏方面对秦王的反击时,往往会据此误以为秦人不通雅乐。而这批秦文化早期阶段青铜乐器的出土,足以证明秦人对正统雅乐

图9 秦子青铜镈钟
大堡子山遗址出土

的追求或不逊于中原各国。实际上,春秋战国时期,秦人往往因地处边陲而被视为蛮夷。虽然他者的目光并不友好,但秦人从未妄自菲薄。除了一丝不苟地铸造重量级乐器,以聆听雅乐、陶冶情操外,秦人在礼仪活动中,也追慕王风。如西周时代形成的列鼎制度,在秦人墓葬中同样能找到明确的例证(图10)。

秦人的统一大业成就于东方,但其早期的磨砺却来自西方诸戎。他们合作过,也斗争过。众所周知的义渠王与芈八子的轶事,大概便可视作秦与戎关系的象喻。正因如此,无可否认,在秦人面向东方之前,曾从西面的邻居那里中汲取过很多的营养。而二者水乳交融之地,便是宣太后与义渠王纵马奔腾过的河西走廊。在戎人的遗物上,我们能看到更奔放的气质——黄金配野兽,才是华丽的男子气概(图11)。这大概也是秦人雄健之风的来源之一吧。

图10 窃曲纹垂鳞鼎
礼县赵坪村圆顶山秦墓出土

图11 高浮雕兽面纹金带扣
马家塬战国墓地出土

四、信仰之路

　　张骞通西域的史实，你我耳熟能详。虽然丝绸之路的实体早在史前便已存在，但张骞的再度发现，无疑让这条几乎快要被隔绝的道路在东西方的世界重新苏醒。商品因其实用性而成为首要的传播载体，更高难度的交流当然是语言、文字和信息的沟通——看看现今各类语言教学和留学机构纵横江湖多年，而国内大学里绝大多数的学者（作为知识精英的代表）仍发不出一口标准的伦敦、纽约音，便可知其中的难度。当然若想挑战，仍有进阶难题，那就是负载于语言而又超脱于语言的思想观念的传播。毕竟，抽象的道理又常常意在言外，岂可轻易领会？然而，总有一批批有志之士矢志不渝、前仆后继，成功地把河西走廊打造成一条佛教信仰的传播之路。而其成功的秘诀，也留存至今，那就是石窟。

　　说起甘肃的石窟，相信敦煌莫高窟会让你脱口而出。但在甘肃，石窟何止一处？从最西边的敦煌，到最东头的武威，几乎步步石窟。河西走廊南北两侧皆山，具有营建石窟的天然优势，而偌大甘肃居然石窟如此密布，亦可见佛教徒的虔诚。佛教源自印度，经典皆由梵语写就，教义深奥，若是向知识精英传播，尚需精心翻译后方能传道。可是在古代，普通民众几乎都是大字不识的文盲，如何传教？雕绘佛像、本生佛传故事的石窟，便成了传教的前沿阵地。石窟既是佛众修炼之所，亦可供传教之用。民众或多不识字，但总能看出佛陀的慈悲之像（图12），总能在僧众的引导下观看壁画，听明白佛前世今生的牺牲与努力。因其有效，故而自佛教西来，石窟营建便异常繁盛，为今天的我们留下了时空跨度极大、类型极多的丰厚遗产（图13），值得细细品味。

图 12　北魏泥塑菩萨立像
　　　　麦积山石窟第 76 窟

图 14　西汉彩绘木马
　　　　武威磨咀子汉墓出土

图 13　北魏供养人刺绣画残片
　　　　敦煌第 125—126 窟出土

甘肃的重影不止于此。丝绸、木马（图14）、简牍……一层层色彩既让这道路耀眼，也让它更加神秘复杂。当行走于高山、盆地、平原、戈壁的变幻间，重新揭开笼罩其上的一层层面纱时，才会发现，这复杂的外表里只藏着一种简单的渴望：交流。

延展阅读

陈星灿：《中国史前考古学史研究（1895—1949）》，生活·读书·新知三联书店，1997年。

叁

无问西东

胡不归

展览名称：归来·丝路瓷典
展览地点：北京　中国国家博物馆
展览时间：2017年5月13日至2017年6月9日
展品数量：300余件（套）

18世纪法国剧作家梅西耶曾经不无痛心地写道："瓷器真是败家的奢侈品！随便一只猫，脚爪稍微碰一下，损失就是八亩地。"这可不是一个孤零零的声音。18世纪正是欧洲商业向全球扩张的大时代，但是在当时不少"有识之士"的眼中，达·伽马绕过好望角带来的却是祸大于福——辛辛苦苦从全世界各地抢来的金银珠宝，最后一股脑都填到了东方这个吸金吸银的无底洞中去了。今天吸引人们去欧美"血拼"的商品是香奈儿、路易威登、爱马仕；然而16—18世纪英法西葡以公司为单位，拼了性命带着大船去"血拼"的却是东方的丝绸、茶叶、香料、瓷器。瓷器在这一干商品中还不算最突出的，不过得益于物理性质和功能，却只有当年的瓷器还能留存至今，让人神往于当年千帆竞发，千金但求一瓷的风采。

2017年5月,中国国家博物馆举办的"归来·丝路瓷典"展,便意图为我们展示那个曾经属于中国景德镇瓷器的大时代。

一、千帆——吸血瓷?

展览从克拉克瓷(Kraak porcelain)开始[图1]。克拉克瓷是明末清初中国外销青花瓷的一种,产量巨大,风格独特。国外屡见不鲜,国内却鲜有出土,应是当时一种主要用于出口的瓷器。这类瓷器最明显的特征是采用了开光构图形式。

中国外销瓷,为什么会有一个西方式的名称?它是如何得名的?这个问题目前尚无统一的认识。不过最流行的说法是,"克拉克"一词源于1602年荷兰人虏获的一艘葡萄牙克拉克帆船。克拉克(Kraak)表示一种小型商船。在这艘船上,装载有数万件风格独特的青花瓷。1604年,荷兰人把这些青花瓷公开拍卖,人们争相购买。克拉克瓷的名声遂在欧洲传播开来。克拉克瓷的得名暗示着时代的背景,在这奇特名字的背后,隐约可见的是几百年前大西洋东岸千帆竞发、直奔东方的狂热。

图1 明克拉克瓷

克拉克瓷风靡海外的万历时期，中国的景德镇已经坐稳了瓷都的宝座。明代，中国陶瓷的生产格局由宋元时代的"百花争妍"渐渐转变为景德镇的一枝独秀。元代瓷器二元配方的发现，解决了景德镇原料资源的问题，为当地瓷器生产的进一步发展奠定了基础。明代宫廷在景德镇设立御窑厂，一时间瓷器名匠汇聚于景德镇，更让景德镇的陶瓷生产活力倍增。与此同时，中国瓷器的主流审美也在明代发生了巨变，原先备受追捧的青瓷、白瓷等单色釉瓷器风光不再，中西结合的青花瓷一跃成了时代新宠。幽蓝色泽的成功鼓舞了时人对色彩的想象，景德镇更创制出色彩缤纷的釉里红、五彩（图2）、斗彩等各类彩瓷，让中国瓷器的面貌更加多元、精彩。

　　然而，明初一道严酷的禁海令，把中国匠人诸多智慧营造的瓷上旖旎，封存在了东方大陆。虽然明初到明中期，走私贸易不断，但毕竟名不正言不顺，不合法的贸易总归是提高了商品的成本。因此，晚唐以来长期兴盛的中国瓷器出口贸易一时陷入了低谷。所幸到明代隆庆元年（1567年），政府终于不堪走私引发的倭寇之扰，开海通商，允许民间私人远贩东西二洋。这一番开海，让千辛万苦绕过好望角的"达·伽马们"欣喜若狂，却也唤起了欧洲知识分子们的忡忡忧心。

图2　清五彩瓷器

西方人为财富而远航。当时，虽然远航是危险的，但只消出海一两次，带回几件中国瓷器、丝绸，回到欧洲，你就可以实现财富自由。由此看来，冒险也是值得的。然而，到美洲抢抢金银财宝还能理解，拿着这些金银财宝到东方换些吃不得穿不得的瓷器算是怎么回事儿？不就是些烧硬的土吗？拿着"先烈们"用血肉之躯奋不顾身抢劫来的金银去败家，合宜吗？17世纪的日耳曼科学家契恩豪斯曾痛心疾首地指责中国瓷是"萨克森的吸血瓷"，他对中国瓷的攻讦理由已经上升到了国家经济安全的层面："诸如中国瓷之类的对外采购量如此之大，对国家造成损失之巨，务必设法回避。"契恩豪斯之所以如此，主要是因为他的主公——萨克森选帝侯兼波兰国王奥古斯都二世，对瓷器收藏实在过于狂热。奥古斯都二世最荒唐的举动，是曾经用600名萨克森龙骑兵换了151件康熙时期的青花瓷瓶。而这支骑兵即使在普鲁士陆军中也是一支劲旅，其所在番号部队的最后一次战役就是"二战"期间惨烈的斯大林格勒战役。而这批瓶子则由此获得了一个酷炫的名称——"龙骑兵瓶"。

上有所好，下必甚焉。欧洲整个社会对瓷器的热爱，当然让从事海外贸易的商人们欢欣鼓舞，然而真正闷声发大财的，却是中国。根据著名学者贡德·弗兰克的研究，1600—1800年之间，全世界有记录的白银产量约为12万吨，而其中的一半最终流入中国。在这个过程中，中国瓷器功不可没。明代在嘉靖皇帝昏庸的领导之下，本来已是百病丛生，然而隆庆开关所带来的巨大财富，让张居正有了经济改革的基础，让明代又苟延残喘了接近百年的时间。

中国瓷器只是一只小小的蝴蝶，扇动翅膀，却足以激发全世界人民奔忙的激情。东方窑火冲天，西方百舸争流。财富的移动只是表面，生活的革命早已暗流汹涌。

二、革命——饮食的风景

展览中最常见的器物，是我们平时不屑一顾的碗、盘、杯、碟（图3）。然而，不要小看这些器物，毕竟在16世纪的世界，不是什么人都能像中国人一样用瓷器餐具吃饭的。中国瓷器没出口的时候，东南亚用的是叶子盛饭，法国人用粗陶盛汤，还得两个人共用一碗，非洲大部分人用的也是粗陶……平心而论，中国明清时期景德镇生产的最差的瓷器，在质量和卫生方面也要好过天然树叶或者粗陶。因此，说中国瓷器的出口为海外广大地区带来了餐桌上的"革命"，可谓名副其实。

这一革命，并非只是餐具质感的改变。从物理性质来看，中国瓷器坚固致密，吸水率接近于零，耐高温，耐酸碱，表面光滑，方便清洗，容易干燥。这些特点使得它有着作为餐具的独特优势，能够有效减少病菌的附着与繁衍。从这一点来讲，它比其他任何器具都更具优越性。17世纪之前，欧洲流行病频发，其中一个重要原因就在于劣质餐具助长了流行病菌

图3　清青花描金山水楼阁杯碟

的"嚣张气焰"。中国瓷器的出现，彻底改变了亚欧非诸多国家餐桌上的卫生状况。新航路开辟之后，全球各地的食物交流大大增强，中国瓷器和世界各地的鲜果时蔬一起，构成了餐桌上新的风景。

另一方面，中国瓷器的传入，带动了西方的饮茶习俗。茶叶于17世纪中叶进入欧洲之后，经过百年的发展，成了一种跨越阶层的饮料，更塑造了一种休闲文化。茶的制备方法决定了中国瓷器是最适宜的茶具：金属、玻璃太烫，粗陶漏水又不卫生，树叶……还是瓷器比较好，既有保温之功效，又能隔热不烫手。更何况，它还有华丽的色彩。饮茶的风俗让茶具（图4）成了"每一位时髦女士的必需之收藏"。

中国瓷器如此美好，甚至还被赋予了神奇的力量。非洲人和欧洲人都相信，中国瓷器具有魔力。东非的斯瓦希里人认为，中国瓷器放在家中，具有辟邪的功效。而欧洲人则认为，如果中国瓷器中的食物有毒，中国瓷器就会自动开裂。展览中展示有意大利著名画家乔凡尼·贝利尼《诸神的盛宴》的复制品（图5），画中绘有明代大盘、果盘和酒杯。这说明在引发餐桌革命的同时，中国瓷器以其不凡的"法力"甚至跻身于"仙家用品"，进入欧洲信仰体系的道具行列中。

图4 酱釉开光粉彩花卉纹茶具

图 5 《诸神的盛宴》(复制品)
原件藏于美国华盛顿国家美术馆

  世界对中国瓷器的需要,同样引发了另一场"革命",那就是中国瓷器的生产革命。展览中展示了大量绘制有西方题材、纹样的中国产品(图6),昭示了这场"革命"的深度和广度。中国的瓷器生产者,一向尊重来自海外的需求。青花瓷的产生少不了当年与伊斯兰文明的碰撞,而来自欧美的消费者,则带给了中国瓷器更为丰富的启发。西方家族的纹章、城市纹章(图7)、《圣经》中的情节甚至神话中裸露的女神,都成了盘心碗底勾勒渲染的画面。市场的需要,甚至促成了"广彩"的产生(图8)。清代规定外国商船只能停靠广州。为了绘制外国人渴慕的西洋图案,景德镇的生产程序也发生了调整:在景德镇把白瓷烧好,再到广州施以釉上彩绘,进行加工。这一变革,使得景德镇的釉上彩瓷不仅与西洋题材结合，更融入了广州当地的"铜胎画珐琅"技术和风土民情，由此形成了风靡一时的"广彩"瓷器。而这只是中国瓷器变化的一个小小的例子。

中国瓷器引发的革命，在点滴之中改变了人们的生活，改变了中国，也改变了世界。可从何时起，中国失去了这些？往日的荣耀，该如何归来？

图 6　西方人物肖像纹章盘　　　　　　图 7　英格兰城市纹章盘

图 8　广彩开光人物故事图碗

三、胡不归？

欧洲人追求美好生活，但也并不愚蠢。用军队换瓷器的奥古斯都二世，并不仅仅擅长挥霍国库去换取那些易碎的瓷器。在狂热爱好中国瓷器之时，他更想破解制瓷器的秘方。正是在他的鼎力支持之下，德国建造了赫赫有名的麦森瓷厂，并于1709年烧制瓷器成功。此时欧洲的其他国家也纷纷向中国派出"间谍"，刺探中国瓷器烧造的秘密。最著名的"瓷器特务"，可能是法国传教士殷弘绪。他的《饶州书简》第一次为西方世界提供了正确而全面的制瓷方法，从而为欧洲人带来了制造瓷器的希望。到1760年，欧洲版图上已经出现了30多家瓷厂，中国瓷器逐渐失去垄断地位。不过反过来想，正是中国瓷器生产技术的外传，才让欧洲的各大瓷厂有机可乘。这样的局面，正是中国瓷器影响力深入欧洲肌理的结果。

实际上，直至18世纪中期，中国瓷器仍然在欧洲享有巨大的声望。然而不可否认的是，随着欧洲对东方的了解日渐深入，中国正在从曾经想象中的神坛跌落。中国不再是伏尔泰笔下理想的国度，在传教士的笔下，它暴露了自己吏治腐败、社会衰弱的一面。欧洲不再接受中国情调和中国瓷。与此同时，英国日益强盛，英国的陶瓷业在威治伍德的带领之下，日渐走上巅峰。威治伍德的瓷厂采用蒸汽机、机床和高温温度计等先进设施，工作效率超过了景德镇。除此之外，威治伍德身处欧洲，更能跟得上欧洲本地的审美潮流，而他本人也擅长营销。这一切，让中国瓷都景德镇遇到了难以击退的劲敌。

中国瓷器曾经重塑世界各地的制瓷传统，然而到了19世纪，丝路仍在，中国瓷器却已经无法再像从前一般自信地迈出国门，而青出于蓝的欧洲瓷器一步一步地踱入它素未谋面的故土。是谁改变了历史的走向？展览的叙事暴露了真相。无论展柜中的中国瓷器如何绚烂夺目，展板字里行间提及的贸易主导者却只有四海奔波的欧美人——水手、国王、科学家。商品与货币，先天的优势，都并非这场文化循环、商业战争中最关键的要素，能够掌握主动权的，或许只有孜孜不倦、锐意探索的人。

展览陈列了很多藏于海外的中国瓷器，大概在某种层面上，这算是一种回归。海上丝绸之路从未消亡过，但是若想要像曾经的中国瓷器一样，在这条路上重新建立属于自己的荣耀，让曾经的荣光回归，恐怕还需要我们看得更深、想得更远、做得更多。丝路无语，像是在等待着什么。

延展阅读

[美]罗伯特·芬雷:《青花瓷的故事：中国瓷的时代》，郑明萱译，海南出版社，2015年。

郑培凯:《逐波泛海：十六至十七世纪中国陶瓷外销与物质文明扩散国际学术研讨会论文集》，香港城市大学中国文化中心，2012年。

亚洲内海

展览名称：亚洲内海——13—14世纪亚洲东部的陶瓷贸易
展览地点：广州　广东省博物馆
展览时间：2018年4月27日至2018年8月26日
展品数量：400余件（套）

1975年8月，一位渔民在韩国新安郡海域意外地打捞到了6件青瓷，考古学者顺藤摸瓜，在海底发现了著名的新安沉船。此后9年，韩国政府分11次持续在这一海域打捞，对这艘沉船进行了较为全面的考古发掘工作。这一沉船的打捞，令元代瓷器首次大规模出水，意义非凡。由此，也揭开了13—14世纪东亚海域贸易的一角。在此之后，东亚海域的沉船被不断发现，大量贸易陶瓷出水。这些器物充塞在文献的只言片语之间，让东亚海域密切的海上交流和成熟的航路渐渐清晰。2018年4—8月，广东博物馆举办的"亚洲内海——13—14世纪亚洲东部的陶瓷贸易"，将中韩两国出水出土的陶瓷汇聚一堂，试图以陶瓷贸易为线索，再现亚洲东部海域往来如织的盛景。

一、沉船的世界

步入展厅,一张地图首先勾勒了海上丝绸之路的整体格局(图1)。在普遍的印象中,常有人认为海上丝绸之路就是一条或一组由中国通向海外各国的航线,但这张图却揭示了海丝之路的复杂性。在广阔的海洋上,在漫长的航路上,存在着若干贸易圈,贸易圈如齿轮般转动,撬动了整个大洋跨洲贸易的轮转与生机。备受欢迎的中国手工业品,通过拉动亚洲东部贸易板块,成为带动整个海洋贸易的原动力之一。但是,与汗牛充栋的政坛史料相比,历史中的商业贸易,在商人们"闷声发大财"的低调中,更像是地下世界涌动的暗流。当年商海的千帆竞发、惊涛骇浪,在时间的沙漏中渐次暗淡,鲜少为人留下鲜活的文字描述。正因如此,当一件件瓷器,伴随着鱼虾一起入网出水,消沉于海底的事故现场"浮出水面",再连点成线,由此而成的线索,便显得格外重要。木船虽然不堪海底众多生灵的侵扰,早已残破不堪,但船中的陶瓷等物,却可以历久弥新,成为重写那段历史的重要字符。

图 1　海上丝绸之路整体空间示意图展板

水下考古工作者40多年来在海底的寻寻觅觅，令众多折戟沉沙的船只重见天日。而13—14世纪东亚海域"百舸千帆"的盛况，则浓缩在策展者精挑细选多艘沉船残存的陶瓷船货中。不同于瓷窑遗址所见的单纯遗物，沉船作为商品流通过程中的重要载体，其所包含的商品种类往往繁复多样，汇聚了大江南北的精华，它们如同一个个时空的断面和回顾的窗口，让今人得以窥伺整个帝国商业脉搏的血液奔腾与轮回动势。展柜中的龙泉青瓷（图2）、黑釉瓷（图3）和白地黑花等瓷器，无言地诉说了宋元时代外销瓷器产业的格局。龙泉青瓷至南宋时代质量臻于中国青瓷的最高峰，而至元代其生产规模和市场影响则首屈一指。帝国通衢之处，皆有龙泉青瓷的身影，而帝国之外，不只东亚，整个印度洋沿岸的富人，也渴慕以青瓷标榜自己的身份。浙江龙泉青瓷的广泛销路，自然让其他陶瓷从业者眼红。当时的福建窑场争相"山寨"龙泉，而海外市场，特别是东亚、东南亚市场似乎对此并不挑剔。除了"山寨"之外，福建瓷业对陶瓷外销贸易亦有独到贡献。在中国瓷器市场，黑釉瓷器一向是不入流的配角，但至宋元时代，福建建窑于黑瓷一道大有突破，以"兔毫"盏、"油滴"盏、

图2　元龙泉窑青瓷盘
　　　福建大练岛沉船出水

图3　南宋黑釉瓷器
　　　福建"半洋礁1号"沉船出水

图 4 元磁州窑褐彩龙凤纹罐
绥中三道岗沉船出水

"曜变"盏等绝品名动天下,由此也带动了黑釉瓷器的生产和消费。日本市场对中国这一陶瓷"左道"情有独钟,称之为"天目瓷",应用于茶道、修禅等场合,后渐成为日本"侘寂"美学不可或缺的组成部分。正因如此,福建领衔生产的黑釉瓷器于东亚市场亦占有一席之地。外销贸易盛行于中国东南沿海,但中国北方沿海港口并不甘寂寞,辽宁绥中三道岗海域出水沉船便证明了北方人民对海上贸易的积极参与。沉船中出水了大量元代磁州窑系的瓷器(图4),不乏精品,刷新了人们对磁州窑系贸易范围的认识。磁州窑系瓷器是宋元时代的著名民窑,以善用化妆土修饰胎釉本身的缺陷而著称,其审美风格热情活泼,与宋五大名窑的"简洁禁欲风"对比强烈,盛行于普通民间市场。此类器物见于沉船,表明东亚海域各地之间交流不只局限于一隅一物,而是深入而广泛的。

伴随着中国水下考古事业的发展,中国沿海地区出水的沉船数量日益增多。但这些沉船多数邻近中国海岸线,从空间位置来看,还不足以将贸易故事叙述完整。正因如此,韩国海域出水的新安沉船便显得格外重要。这艘沉船所载船货多为中国产品,但出水位置却临近韩国。有学者从出水遗物判断,这艘沉船真正的目的地更有可能是日本。这艘邻近市场沉没的船只,给研究者带来了极大的想象空间。在这艘船上,不仅出水了龙泉青瓷、黑釉瓷器、磁州窑系瓷器,还有景德镇窑、吉州窑、定窑等窑口瓷器,种类非常丰富。

图5　沉船残骸模型及船体投影

展览特意布置圆形展厅，在展厅中央复原沉船模型，并以录像、场景模拟等手段以陈列新安沉船的沉没图景（图5），令观众仿佛"浸入"海底沉船的发掘现场。海底的残骸让人由衷感慨航海者的激情，也引人遐思——究竟是什么，让众多商人不顾惊涛骇浪，一定要奔向遥远的地方？

二、忽必烈的雄心

毫无疑问，商人趋利，十倍乃至百倍的利润空间，总能让人心动，让人趋之若鹜。宋人笔记中曾有一条记载，大将张浚曾派人以50万贯为本钱，进行海上贸易，逾岁而归，获利达几十倍。海上回报之丰厚，可见一斑。利润调动的激情，当然需要释放的机会和舞台——13—14世纪东亚海域的热闹有其特殊的背景。中国古代对外贸易原有陆上、海上两个方向。自北宋建国伊始，西北边疆便受阻于辽、西夏等国，对外贸易重心逐步向东南海上转移；而靖康之后，宋室南迁，国势趋弱，海上贸易收入对于财政的意义更加凸显，为了解决政府的财政问题，南宋政府对海外贸易的鼓励姿态更胜北宋。同时，政府南迁对南方地区的开发亦有促进作用，中国经济重心进一步南移，南方物产日益丰饶，客观上也促进了东南地区海外贸易的发展。

1279年,忽必烈统一全国。这位雄心勃勃的大汗名义上是横跨欧亚四大汗国的共主,但大汗的理想并不愿被陆地的边界束缚。他对南宋泉州海上势力蒲寿庚集团的争取和收编,不只是为了击碎南宋海上抗战的幻想,更是为进一步的海上扩张谋篇布局。在完成灭宋大业之后,忽必烈很快就把目光投向了海上,先后两次发动对日本的海上战争,无奈为飓风所阻。海外征服的失利迫使雄心勃勃的忽必烈转而更为倚重商业贸易带来的实利。实际上,蒙古贵族集团原本便重视通商,常以中亚、中东的阿拉伯人为其商业代理人,经营贸易,赚取利润。海上贸易利润丰厚众所周知,以忽必烈为代表的蒙古贵族,虽然用兵失利,但也绝不肯放弃这块肥肉。因此,1293年,忽必烈亲自主持,对市舶贸易进行了整顿,首次允许官吏权豪合法参与海外贸易,并要求其完纳税款。市舶法令是古代官方管理对外贸易最重要的政策规范〔图6〕,这一事件正可看出忽必烈对海外贸易

图6 元广州市舶提举司碑拓片

图 7　至元通行贰贯宝钞
　　　　青海出土

图 8　元铜权
　　　　广东省博物馆藏

的重视。在日本学者杉山正明看来，忽必烈开放的通商政策，不仅仅着眼于帝国的商业利润，同时更希望借重于商业，利用商业网络中的资本力、情报力和通商网，更好地推动自己的远征和扩张，加强帝国的管控。海外商业构成了帝国发展和管理非常重要的一环。正是由于统治者的空前重视，元代海上贸易出现了空前的繁荣，以泉州为代表的众多东南港口一跃成为时所瞩目的国际大港，各国商人也纷纷远道而来，参与贸易。海上贸易的兴盛，体现在众多元代特殊的遗物上，如元代流行纸币（图7），本身便体现了对远距离商业贸易的适应，而展览所见的铜权（图8）、铁权，则是生意人们称斤论两之时不可或缺的工具。众多元代宗教遗物，正是万国通商招徕远人的副产品。南宋至元两代或迫于无奈，或积极进取，客观上都打开胸襟，采取了开放的对外政策，而这正是13—14世纪华夏物质影响力遍布海外的重要原因。

三、被遗忘的港口

展览的第三单元名为"货通万国—陶瓷贸易"（图9），题名未见其异，但却内含亮点——重量级考古新发现江苏太仓樊村泾出土瓷器的大举亮相。默默念叨"太仓"之名，或许脑海中便会灵光一现——这不正是郑和航海的起锚之处吗？确实如此，但是这项发现却并不与郑和航海直接相关。其年代大体为元代中晚期，稍早于郑和，不过，这项发现或许能用无声的证据揭示郑和选择太仓起航的理由。从史料来看，太仓早在1282年便开始了海运活动。大元建国之初，为南粮北运，开通了海运漕粮路线，太仓便是在这一过程中一跃成为国家举足轻重的重量级海港。有元一代，太仓海运的兴盛，自然为郑和后来的大规模航海奠定了良好的港口基础。往事越千年，太仓海港的兴盛早如风散去，但樊村泾出土的海量陶瓷，却又勾起尘封的记忆。

樊村泾遗址的发现纯属房地产开发过程中的意外，但此遗址却出土了150多吨以龙泉青瓷为主的瓷器，其规模轰动学界。除了陶瓷产地和沉船这样特定的"物流空间"，还有什么地方有可能集中如此大量的陶瓷产品

图9　展览第三单元序厅展板

呢？樊村泾远离龙泉青瓷产区，临近河道，周围房屋密集，出土瓷器中有大量未经使用的产品，种种迹象表明，这像是一处商业集散地的陶瓷仓库遗址。这种性质和规模的遗址极为罕见，它的发现，补充了陶瓷贸易流程中的缺环，为我们全面解析当时的商业流通提供了重要的材料。樊村泾遗址出土的龙泉青瓷中，有许多器类与新安沉船出水器物的器物极其接近，如鬲式炉（图10）、荷叶盖罐（图11）、奁式炉（图12）、鱼形砚滴等，千里之外的器物形态相通，让亚洲内海的贸易节点露出小荷尖角，贸易网络若隐若现。遗址与沉船所出的器物虽有类同，却绝非一一对应，

图 10　元龙泉窑鬲式炉、高足杯
　　　　樊村泾遗址出土

图 11　元龙泉窑瓜棱荷叶盖罐
　　　　樊村泾遗址出土

图 12　元龙泉窑奁式炉
　　　　樊村泾遗址出土

这表明樊村泾似非新安沉船的直接出海港口，但作为贸易集散地和仓储，它的发现却揭示了13—14世纪对外贸易的复杂性。长期以来，在外销瓷出海港的研究中，鲜少见到太仓的身影，这一与中国航海最辉煌时刻密切关联的港口，似失语于热烈的探讨。但对历史的发现，却总是在意料之外、情理之中。

在展览的最后，策展者借由宋元名瓷的实用器形（图13、图14），以宋时流行的"四般闲事"——焚香、点茶、挂画、插花收尾，来展现实物贸易背后的文化影响。香、茶、花事至于日本而成香道、茶道、花道，于中国反而失传已久，令人既觉怅然，又觉庆幸。踟蹰于丝绸之路，如此"失之东隅，收之桑榆"的际遇不知多少，物件随车轮颠簸、随海波荡漾远行，有时"出师未捷"，有时"中道崩殂"，有时顺利抵达远方，把文化一同带去，却真的是一去不返，便在远方生根发芽，成就另一番脉络舒展。亚洲内海的贸易轮轴，便在这物质与文化的交织中，缓缓转动，将这东方际遇的回响扩散到东方人自己也难以想到的远方。

图13　宋景德镇青白瓷熏炉和执壶

图 14　元钧窑（左、中）、龙泉窑（右）香炉

相关图录

广东省博物馆等：《亚洲内海：13 至 14 世纪亚洲东部的陶瓷贸易》，岭南美术出版社，2018 年。

延展阅读

杉山正明：《忽必烈的挑战：蒙古帝国与世界历史的大转向》，周俊宇译，社会科学文献出版社，2017 年。

巨镇风流

展览名称：千年古港——上海青龙镇遗址考古展
展览地点：上海　上海博物馆
展览时间：2017年3月10日至2017年5月30日
展品数量：100余件套

被地平线淹没的帆影，被风浪剪裁的细雨。离人的泪水，打湿的方巾，朦胧处离家万里，倏忽间斗转星移。船桨阵阵，击不碎千年伫立；号子声声，唤不醒几载别离。终于遗忘，又终于记起，当年柳下井边的笑音，过往执手定情的铜镜。

2017年，上海博物馆举办的"千年古港"展览所展示的上海青龙镇考古工作，荣膺"2016年全国十大考古新发现"。此展再现了千年以前不为人知的老上海，用考古遗存诉说了那个属于老港口的故事。

每一个城镇都有不同的命运。有些城镇的地点似有魔力，古往今来的人们在那里周而复始地翻新重建，原地打转从不愿远离；有些城镇却只受到一世人们的宠爱，转眼已成废墟；还有的城镇，在自然地势的变迁与人类"随波逐流"的选择中，有过千回百转的柔情，但在雨打风吹去中渐行渐远，却又难分难舍。

唐宋时代的青龙镇便是这样一个地方。它位于今天上海市青浦区白鹤镇，这位置似乎仍在今人的视野之中，然而往日的风采却已全然被不远的黄浦口岸夺去。回溯到千年以前的唐宋时期，海商辐辏，控江连海，聚焦的一线港口乃是青龙镇。而当日千帆竞发的热闹，却因为日后吴淞江的淤塞，只能靠考古的手铲来发现与重构了。从2010年开始，上海博物馆组织考古队在青龙镇进行了长期的考古工作规划，至2016年，青龙镇的考古发掘出土了大量珍贵文物和重要遗迹，千年以前江南港市的神秘面纱由此被揭开了一角。2017年3月，为了与公众共享考古成果，上海博物馆特意精选青龙镇出土文物，举办了"千年古港——上海青龙镇遗址考古展"，这让今天的我们有可能寻根溯源，一睹上海地区最早对外贸易港口的风姿。

一、东南巨镇——无情之水谁可凭？

青龙镇兴起于何时，从文献和考古成果来看，都尚无明确的答案。不过各项证据倒是表明，最迟至晚唐宋初时期，青龙镇已经成为重要的市镇港口。无数文人墨客曾在吴淞江口留下诗文，而其中又以北宋梅尧臣的《青龙杂志》最具历史价值。在《青龙杂志》中，梅尧臣称青龙镇有"三亭、七塔、十三寺、二十二桥、三十六坊，时人比之杭州"，由此可知青龙镇彼时已颇具规模。北宋末年，青龙镇所属的华亭县置市舶务，可见此地在对外贸易中的作用日趋重要。南宋时期，政府亟须提高财政收入，因此对海外贸易极为重视，青龙镇的规模由此愈发可观。不过，随着吴淞江的日益淤塞，南宋末期，往来船只已经不能顺利进入青龙镇，故而其对外贸易职能日益被后起之秀上海镇代替，至明代更是凋敝不堪。青龙镇因水而兴，一度是独领风骚的对外贸易大镇，但也因水而衰，几百年后，只剩下孤零零的青龙塔，似是临风回望曾经的辉煌。这或许正可借当初梅尧臣

《青龙海上观潮》中的诗句来慨叹:"无情之水谁可凭?"

旧镇已矣。然而古井旧道,却还能给寻寻觅觅的我们一点探究过往的线索和启发。实际上,正是1988年开挖河道时发现的几口古井,还有出土的多件唐宋瓷器,"诱使"考古工作者回眸文献和青龙塔,大体确定了青龙镇遗址的范围,并展开了寻找古镇的工作。在此之前,或许我们对唐宋的港口充满了浪漫而模糊的想象,而经过7年3次大规模的发掘,出土的遗迹与文物则让我们这些想象落地。随着考古发掘工作的推进,出土物的组合日益丰富,为我们打开了望断来路的窗户,历史的风景也由此缓缓展开。

想象一下,倘若今天的城市毁弃,被后人考古,会有什么样的发现?是的,无穷无尽的大型房屋构成了城市基础的结构,而房屋中不易腐烂的物品,则成了考古发现中具象的个体生命。在青龙镇遗址中,也是如此,幸运而未被时间腐蚀的古代遗物,似是比房屋、水井、墓葬遗迹更具生命力的细胞。譬如,在展览中,有一件鹦鹉衔枝绶带纹铜镜(图1),出土于遗址的一口古井井底。中心钮座呈莲瓣状,镜背主纹为首尾相对的一双鹦

图1 鹦鹉衔枝绶带纹铜镜

鹉,姿态雄健,长尾飘逸,而辅纹描绘的则是花果繁茂,绶带飘扬。在这口古井中,共出土三面此类镜子。鹦鹉是唐宋时期的瑞禽,唐代文献《明皇杂录》中曾提到一只备受唐玄宗、杨贵妃宠爱的岭南白鹦鹉雪衣娘,杨贵妃亲授其诵《多心经》。内蒙古宝山辽墓还有以此题材创作的墓葬壁画,可见这一故事流传颇广。这传说无论真假,包含的信息却颇值得琢磨。在故事中,鹦鹉是与佛教联系在一起的。而鹦鹉与佛教的渊源故事,在唐代文献中不止一例。鹦鹉的形象,配以钮座的莲花,我们似能看到若隐若现的佛教色彩。鹦鹉雌雄成对,忠贞不渝,镜背的鹦鹉成对出现,仿佛又隐喻着爱情。从这面镜子上,我们隐隐约约地看到唐宋人们的精神世界。而更引人注目的是,东南亚著名的井里汶沉船上也曾出水过与鹦鹉衔枝绶带纹铜镜几乎相同的双鸾衔绶镜。因此,此类铜镜更昭示了唐宋时期青龙镇作为贸易港市的重要地位。

宋人应熙有语:"粤有巨镇,其名青龙。"今日巨镇已逝,纵然考古千层,也难再树立起城镇的身体。然而铜镜、陶瓷、残瓦、碎砖,这些遗物却仍能让我们怀想巨镇往日的风流与魂魄。在众多的遗存中,或许最让人感到神秘而好奇的,便是那尚巍然耸立的佛塔。历经沧桑的佛塔供人继续瞻仰,手铲之下,却有被层层风尘掩埋的佛塔地宫,重新焕发出淡然柔和的佛光。

二、盛世佛光——当年舍身问伶仃

寺院佛塔往往是古代城镇的标志性建筑。它们不仅是举行宗教仪式的场所,而且是城镇居民的公共活动空间。文献所记,青龙镇原有"七塔""十三寺",其中又以隆福寺、隆平寺、胜果寺最为著名。至今屹立的青龙塔(图2),便是隆福寺塔。隆福寺也称"南寺"。在2015—2016年的考古发掘中,则发现了"北寺"隆平寺的塔基地宫。此塔建于北宋天圣年间(1023—1032年)。在发掘中出土的舍利、水晶念珠、阿育王

图 2　青龙寺与青龙塔

图 3　铅贴金阿育王塔

塔(图3)等重要文物,成了此次展览第二单元"盛世佛光"的重量级展品。

　　佛骨舍利在佛寺中至关重要。早期的中国佛寺布局以佛塔为中心,而佛塔地宫正是收藏舍利之处。佛教徒需要通过入塔观像来修行,而佛的遗骨则往往被视为佛身或佛法的代表,见舍利即为见佛。因此佛骨舍利历来受到佛教信仰者的重视。

　　隆平寺塔基地宫严密的构造或许正表明了这种重视。展览最为核心的位置,模拟了塔基台阶,并用大屏幕反复播放着地宫发掘时的动画演示。塔基地宫上覆9层砖石。移除砖石之后,打开地宫,但见中部放置木函1个,函外两侧各有一座阿育王塔,而更冲击眼球的是在地宫底部铺满了各时代的铜钱。经过后期的处理，两座阿育王塔和包括木函在内的四重棺椁被依次展示于展厅之中。

实际上，珍藏舍利的棺椁应共计五重。木函之外的石板构成第一重石函，内藏二塔和木函，木函为第二重。第三重为铁函，铁函之中藏有第四重木贴金椁、300颗水晶佛珠和1个小铜瓶。小铜瓶中又藏有4粒珠子，3粒为水晶，1粒为铅制，这4粒珠子应当便是感应舍利的一种（图4）。第五重为银棺。打开银棺，最先映入眼帘的并非佛骨，而是一尊小小的木贴金卧佛像（图5）。这尊卧佛的姿态实际是所谓的释迦牟尼"右胁卧狮子床"涅槃像。卧佛顶髻处还镶嵌有珍珠。制作显然颇具匠心。而真正的感应舍利则铺设于卧佛身下，由水晶、玛瑙制成。

与几十年前震惊世人的法门寺地宫佛骨舍利的金棺银椁相比，隆平寺

图4　铜瓶和舍利

图5　木贴金卧佛像

塔基地宫的棺椁重函，显然朴素得多。不过差别体现的，或许正是皇家供奉与民间供奉的差别。两座阿育王塔周遭装饰的佛本生故事，无论是舍身饲虎、割肉贸鸽，还是快目王舍眼、月光王施首，这些故事都在表达着佛对众生、对他人毫无差别的关爱。或许正因如此，崇信佛教的民众们也投桃报李。即便民间的供奉远不如皇家奢华，但无论从塔基地宫的营建，还是多重棺椁、供奉物品的设置，一丝一毫间，都体现着民众的郑重其事。而这种虔诚，除了对宗教的信奉尊崇之外，可能也包含着其他的感情。毕竟青龙镇的隆平寺塔，并不只是一座单纯的佛塔。它矗立在海上贸易港口，还曾兼具着航标塔的功能。远方的来客，看到这座塔，便看到了繁华的中土、无尽的机会和潜在的财富；而万里归途的游子，看到这座塔，便看到家。

三、丝路遗珍——谁留千帆万里心

宋嘉祐七年（1062年）的《隆平寺宝塔铭》记："今天子与天下民植福，而此镇西临大江，与海相接，莽然无辨，近无标准，远何由知，故大舟迅风直过海口，百无一二而能入者，因此失势飘入深波石焦，没舟陷人，屡有之矣。若建是塔，中安舍利，远近知路，贾客如归。"这段话正点出了建寺修塔的缘由——护佑这直面海洋的港镇。招徕远客、扬帆万里，正是青龙镇兴旺繁茂的根本。海水来去，淹没了过往的辉煌。不过，退潮之后为我们留下的，还有一地精致斑斓的瓷片。

陶瓷大约总是顽固的，不肯轻易腐朽，非要带着它的身世一起，为我们讲讲过去的故事。浙江的德清窑、越窑、龙泉窑（图6），福建的闽清义窑、建窑、磁灶窑，江西的景德镇窑、吉州窑，等等，在漫长的历史进程中，泛海逐波，千方百计地把它们的产品送到青龙镇。磕磕碰碰跌跌撞撞之中，有一些再度从青龙镇出发，奔向更远的朝鲜、日本；有一些留下了，留在青龙镇的河边巷口，留在了今天的博物馆中，留在了你我的眼前，仿

图 6　龙泉窑划花碟

图 7　长沙窑腰鼓

佛"欲迷人眼"的"乱花"——青瓷、黑瓷、青白瓷、碗、罐、炉、盏、大腰鼓（图7），琳琅满目，目不暇接。从唐到宋，由宋至元，中国陶瓷生产的格局一变再变，瓷窑的兴衰此起彼伏，连瓷器的器形、功能也随着时代几经变化，然而陶瓷向青龙镇的输送和汇聚，却"前仆后继"，绵延不绝。蹲守在这小小的镇上，剖开层层的泥土，仿佛可以历数，那些年中国陶瓷生产销售的沧桑变迁。

由此，青龙镇，这个看上去并不起眼的江南小镇的精神内核也随着陶瓷的坚持而得以揭露。这个内核，便是海港，便是贸易。镇因海上贸易而聚气成"巨"，"佛"随着海路泛波而来。在绵延万里的丝路上，并不是只有瓷器曾经与青龙镇有一"站"之缘，但却只有瓷器"固执"地留存在土地里不愿更改。青龙镇出土瓷器多样的面貌，仿佛映射着曾经多样的面孔。多少人踏浪而来，多少人迎波起舞，让那一年的青龙镇生机勃勃。

在考古的故事中，历史是一层一层地揭露。穿越千年的青龙镇，在这一层一层的故事里，在一年一年的往来中，在一船一船的过客眼里，又应该有多少种面孔？它只是个小镇，只是在它小小的胸腔中，也藏着对远方的眺望与好奇，也藏着小心脏中的喜悦与虔诚。

相关图录

上海博物馆：《千年古港：上海青龙镇遗址考古精粹》，上海书画出版社，2017年。

明明异彩纷呈，何来"千山共色"？

展览名称：千山共色——丝绸之路文明特展
展览地点：北京　北京大学赛克勒考古与艺术博物馆
展览时间：2019 年 11 月 1 日至 2020 年 2 月 28 日
展品数量：70 件（套）

说起来，丝绸之路好像只不过陆海两条长长的路线，极是简洁。但如果将地形图作为背景，却能看出这两条道路实际可划分出多个路段。不同的自然地貌，不同的人文环境，让这丝路一路上风光变幻。正因如此，虽然近年来国内丝路主题展览一再举办，但却并未穷尽丝路的美和内涵，仍给后来者留下了创造惊艳的空间。北京大学赛克勒考古与艺术博物馆为庆祝中华人民共和国 70 周年华诞举办的"千山共色——丝绸之路文明特展"，汇聚 70 余件（套）珍贵文物，聚焦于陆上丝路天山廊道一段，试图沿着时光"恳求"自然留下的前世羁绊，窥视那天山脚下来往面孔内心的执着。

一、何时开启的丝绸之路？

谈起丝绸之路，一般会想到张骞，想到汉武帝。这种联想的底色，来自史料的写作立场。站在汉武帝与西汉朝廷的角度，或许通往西域的丝绸之路是一条新发现的战略通道。但对往来于这条道路上的人们来说，它是几代人再三行走的熟悉商道。往日的商旅或有"片言"，却难留"只字"，但上千年反复踏出的足迹，总能在天山脚下这必经之路上留下些什么。早在4.5万年前的旧石器时代，已有西方人群走出了一条东来的路，并在新疆的通天洞停留。2016—2017年，新疆地区和北大的考古工作者在新疆通天洞遗址发现了种类丰富的旧石器遗存（图1）。若非专业人士，可能几乎无法辨认展厅中这些旧石器时代打制石器与普通石头的区别，但这些打制石器却代表着世界文明的旧石器时代考古学文化勒瓦娄哇-莫斯特文化。这一支考古学文化原主要分布于俄罗斯的西伯利亚和蒙古地区。通天洞的发现，表明早在旧石器时代，新疆地区已经是亚欧大陆人群扩散的重要据点。除旧石器时代之外，通天洞遗址还有铜石并用时代（距今5000—3500年左右）、青铜时代、早期铁器时代的连续地层堆积，其中铜石并用时代地层发现的炭化小麦暗示了小麦传播通道的存在，而青铜时代、早期铁器时代地层中的陶片则与欧亚草原青铜时代多个文化接近，这些情况印证了4.5万年前开始的人群迁徙、扩散与交流，并非孤立事件，而是源远流长。

图1 通天洞打制石核

展览中有一件出土于吐鲁番地区的金器（图2）灿烂夺目。这件年代相当于商代早期的金器，以西方流行的锤揲技法打造出草原动物的纹样，将东西衔接的证据引向更晚近的历史。至春秋战国时期，东西文化交融的证物便日趋增多，且来自不同的源头。盘曲的青铜翼兽和玛瑙串饰来自西亚（图3、图4），单膝下跪的青铜武士则貌似希腊人（图5）——西来、北来的人群一路向东在这里驻足，却不知是否怀着对更远东方的渴望？

图2　金饰

图3　翼兽铜环

图4　玛瑙串饰

图5　青铜武士像

二、丝路异彩

当西汉为解决匈奴问题不得不迈出舒适区，向西寻求同盟之时，他们发现，原来想象中的偏远荒凉之地，竟众国林立。当张骞首次在匈奴的围追堵截之下"狼狈"地造访西域各地之时，大概想不到自己开启了此后几千年中原地区和西域各地的官方交流。此后，东西交流虽日益频繁，但西域诸国诸地的情况，史料却一向用笔寥寥、着墨不多，时常让人云里雾里。幸而多年来的考古发现，得以让其中的部分精彩重新展现。

倘若对考古活动稍有了解，便知考古绝不是盗墓。但是，很多人对考古最初的兴趣与关注却是从盗墓探险小说《鬼吹灯》开始的。《鬼吹灯》第一部《精绝古城》的"封面人物"，是一位戴面具的男子，看上去十分神秘。这位封面人物此次也"莅临"赛克勒博物馆展厅。《精绝古城》的故事也发生在新疆，但其内容却和它的封面人物交集不多。所以，这位封面男子到底是谁？

通过展品说明可知，小说封面借用的是新疆重要考古发现营盘墓地15号墓的墓主人的形象（图6）。营盘在今新疆尉犁县，它距离楼兰故城近

图6 营盘男子

200公里，是西域交通线上的枢纽重镇。在那里分布有古城、烽火台、佛寺和大型墓地，遗迹十分丰富。其位置大体在文献中提到的"山国"境内。仰赖新疆得天独厚的干燥环境，营盘墓地的大量有机质文物在出土时保存仍相对完好，十分难得。而营盘15号墓则是墓地中保存最好的一座墓葬。正因如此，展柜中的营盘男子，能够较为完整地展示出西域山国人的面貌——或许东汉中晚期的使者们在营盘街头便曾偶遇过这样的人。

盗墓小说之所以"看中"了营盘男子，很可能是因为他"麻木"的脸上平静而诡异的神情，适合渲染神秘紧张的气氛。这张"麻木"的脸当然并非男子本尊的真实面孔，而是逝者特有的"美颜滤镜"——麻质面具。这"滤镜"开了三层——面具是用三层麻布糊成的，表面涂白——"美白"效果是必须的，与如今的入殓化妆一样，滤镜之中，"口红""描眉"也一样都不能少。光亮的额头显然是意欲突出的部分，特别饰以金箔，以增华贵。

人靠衣装，营盘男子一米八的个头，在当代择偶标准中也算得上出众。配上一身红色的罽袍，韦庄有诗曰，"罽袍公子樽前觉，锦帐佳人梦里知"，其中的罽袍公子，实与纨绔子弟同义，都是用华丽的服饰装扮来表现公子哥们的富贵。所谓罽，是指皮毛织品，颇为贵重。营盘男子的这件袍子为双面纹羊毛、羊绒织物，纹饰丰富，表面布满对称的人、牛、羊等纹饰，并以无花果树或石榴树相隔。这种对称纹样的排列方式，显现出波斯的风格。但人物纹样所刻画的形象，又呈现出希腊化的影响。除了完整的罽袍本身极为罕见之外，这件罽袍的纹饰本身还蕴含了东欧、西亚等广大区域的历史、文化变动和丝路传播的景象，堪称珍贵。民俗曰，有衣没鞋穷半截。在穿衣打扮上，讲究人决不能有始无终。营盘男子的靴，与罽袍和裤子相比，似显朴实，却实为私人定制（图7）。毡为里，绢为面，绢上细致地贴着各色金箔——这让这双靴成了贴金丝织物中年代最早的织物。

作为逝者，营盘男子的装扮中也有适应于另一个世界的特殊物件。比如他胸前绑着的小衣服，便是逝者专用的冥衣（图8）。司马光曾经总结过明器的特征为"象平生而小"，其意义在于"象征"，其一大特征在于比

图 7　营盘男子的靴

图 8　营盘男子冥衣

生者所用之物"小"。在部分地区部分时代古人的想象里，逝者灵魂的体形是比生者要小很多的。这件冥衣以绢制成，颇为精巧。绢，实为丝织品的一种——不枉这逝者是丝路上的富贵之人。

　　新疆之所以被视为展示丝绸之路的绝佳之所，是因为只有在干旱的新疆及其附近地区，留得下早期的纺织品，能让世人真正感受到丝绸所承载的文化交流。营盘男子能够带给我们的是各类织物相互配合而成的综合、完整的功能表达，而新疆地区各类遗址中织物出土数量颇多，织物上的纹饰更是绚丽多姿，这为我们透露出众多文化传播的信息。在这些信息中，有一类信息与文献互相印证，透露出丝路交流的重要载体和动力之一，那就是宗教。

图9 北朝时期蓝地猪头纹锦覆面　　图10 北朝时期《妙法莲华经》写本局部

　　展览中有一件蓝地覆面（图9），其纹饰颇有趣味：一串联珠纹中央，是一个龇牙咧嘴的猪头形象，而相邻的两组图像则呈现对称的格局。联珠纹及对称格局均暗示着此猪西来。这一形象的出现，实质正是琐罗亚斯德教东传的结果。琐罗亚斯德教在中国又叫祆教、拜火教，以其创始人琐罗亚斯德而得名。实际上，这位创始人的另一个译名因尼采的名作，在我国颇为知名，即"查拉图斯特拉"。祆教在波斯地区兴盛一时，在我国南北朝时期沿丝路传入中国，并对当时的中国社会文化产生多方面的影响。这件覆面的猪头形象，实际正是祆教中战神韦雷斯拉格纳的化身之一。

　　丝路为众人所共知共享，沿路而来的不止祆教，更著名的佛教、景教（基督教聂斯脱里派）教徒纷纷踏上东来之路，步步为营，传教布道。作为东去的必经之路，新疆由此留下了大量宗教遗物，其中尤为珍贵的是同样得益于新疆特殊环境而保存下来的各类写本和绘画。出土于吐鲁番安乐古城南佛塔的《妙法莲华经》写本（局部）（图10），是高僧鸠摩罗什所译的重要佛教经典之一。《妙法莲华经》汉译距离《妙法莲华经》出现时间不久，堪称研读这一极富影响力的佛教经典的第一手资料。新疆所见的不止汉译佛经,更有各类文字的宗教经典。这些宗教经典的出土,背后正是诸多宗教人士为文化交流在新疆丝路奔走的努力。而丝路新疆段也正是因有这样的努力,在精神与物质两方面都异彩纷呈。

三、何以共色?

新疆形形色色的遗物出土,让人看到异彩汇流的方向是由西向东——太多来自西方的因子似乎要借这廊道涌入东方。面对这洪流般的热情,东方当然并非无动于衷。特别是在汉武帝之后,中原君主对西域地区均异常重视。公元前60年,西汉政府设置西域都护府统辖天山南北,这让东西沟通的道路更加安全通畅,而这片多姿多彩的区域也由此抹上了共同的东方底色。

西域都护府对新疆的发展至关重要,不过在考古学诞生之前,人们只知其名,不知其实。民国时期,著名考古学家黄文弼先生在西北考察期间,采集到一枚小小的印章。印章上的"李崇之印"四字,让新莽时期的西域都护李崇在研究者的脑海久久徘徊(图11)。据后来者对学术史的重新审视,黄文弼先生发现此印的地点应为乌什喀特古城,而这座古城实际上就是李崇在龟兹的驻地乾城。不仅如此,近年来考古工作者发现并重新考察了新疆的多个古城遗址,发现了一干西域都护府的"嫌疑人"。展览中展示了这些古城的航拍照片(图12)。值得一提的是,其中的卓尔库特古城是"千山共色"策展人陈凌教授率队考察的城址,其团队在卓尔库特古城的最新收获是发现了汉代规制的夯土层,这证明了此城与中原王朝的关系。大规模工程与普通的商品不同,它暗示着中原王朝当时在西域极强的组织能力和动员能力,从而印证了其在这一地区的影响力。

当西域都护府巍峨伫立,则一系列具有中原特色遗物的发现就显得顺理成章。无论是《三国志》的残本(图13),还是美女屏风画(图14),无论是骨博具(图15),还是生肖鸡俑(图16)——汉地的官员、设计师、工

图 11 东汉李崇之印

图 12 卓尔库特城址航拍图展板

图 13 西晋时期《三国志·吴书·孙权传》写本残卷

图 14 唐美女屏风画展板

图 15　十六国时期骨博具

图 16　唐生肖鸡俑

匠早已成批进入,随之而来的,自然是物质与精神文化的双重冲击,而此时的新疆大地上,应尽是朝霞的色彩。

展览结尾时的影像展示,带人如光如电般,在丝绸之路穿行。自然与人文交错而成的景象,让人心驰神往。从前慢,但驻足尾声的我们却忽然感受到东来西往长途跋涉的古人们的脉搏——古今东西,心中交流的渴望始终共鸣共振,如天山的千峰白雪,在阳光之下,虽各具姿态,但却熠熠同辉。

延展阅读

周金玲、李文瑛、尼加提、哈斯也提:《新疆尉犁县营盘墓地15号墓发掘简报》,《文物》1999年第1期,第4—16页。

在那遥远的地方

展览名称：无问西东——从丝绸之路到文艺复兴
展览地点：北京　中国国家博物馆
展览时间：2018年6月9日至2019年8月19日
展品数量：200余件（套）

"无问西东——从丝绸之路到文艺复兴"，中国国家博物馆2018年推出的这场展览，光题目便足以动人心魄。文艺复兴，这场群星璀璨、开启了西方现代文明的文化运动，何以与丝绸之路相连？众多宣传稿件提及，展览将"还原意大利文艺复兴中的中国元素以及中国艺术中的西方影响"，这样的雄心令人心折，也引人好奇：中国元素在文艺复兴这幕戏剧中究竟扮演怎样的角色？而展览又会以怎样的形式和视角重述这场东方与西方的邂逅？种种问题互渗勾连，酝酿成一朵疑云笼罩心头，让人不由加快步伐，走进展厅一窥究竟。

一、两条路的蜿蜒

展览以庞贝古城出土的壁画《花神芙罗拉》

图 1　壁画《花神芙罗拉》
意大利那不勒斯国家
考古博物馆藏

（图 1）和油画《诸神的盛宴》开场。公元 1 世纪的芙罗拉于我们是陌生的面孔，她身上的丝绸料子却似曾相识，引人猜测。威尼斯画派开创者乔凡尼·贝利尼绘制于 1514 年的《诸神之宴》，在西方画史中以色彩柔和、光线温暖而著称，但驻足停留的观者却将目光久久地落在中间几位人物头顶手持的器皿上——那不正是我国的青花瓷吗？画作之旁，展方特意陈列两件中国明代的青花瓷器以供图、物对照。西方众神，何以青睐来自遥远东方的丝绸与瓷器？序篇之后，两条跨越山海的道路在博物馆"夜幕"沉寂与"星光"聚焦的交互中若隐若现。

1877 年李希霍芬提出了"丝绸之路"的概念，主要用于描述汉代中国和罗马帝国之间一条漫长的陆上通途。随着考古材料的积累，人们日益认识到，东西交流的陆上道路早在史前时期就已经存在。在展览中，陆上丝路的故事便以青铜起头。青铜器一向被视为我国三代礼乐文明的核心，似乎是中华文明辉煌源流的标志。那么如果进一步往前追溯，中国青铜又是如何起源的呢？在遥远的年代，不止中国，欧洲也出现了灿烂的青铜文明，这是巧合吗？展览陈列了中国三星堆的青铜人头像（图2）、青铜器和来自西方的青铜雕像（图3）。三星堆的奇诡和古希腊的俊俏，各有千秋，我们却难以发现它们的相似之处。既然如此，展览为何要将这些展品并置？

　　实际上，东西青铜文化究竟是"不约而同"还是有所关联，早已引起了学界的注意。外形或纹样，只是文化的一个维度。在漫长的传播路上，掌控技术的工匠双手微抖便可引起蝴蝶风暴，千里之外，面目全非，势所使然，也不足为奇。然而外貌易改，"本性"难移。熔化的铜汁随性流动，令人无可奈何，但青铜制造内在的技术却相对稳定。最近的考古证据表明，东西方的青铜技术很早便存在交流，中国的部分冶金技术极有可能从西方而来，此后，在本土复合范的"规范"之下，制造出新的生命。由此而观，展厅中的三星堆领袖和希腊青年，原本便花开两朵，同气相连，是失散于大陆两头的同父兄弟。

图2　三星堆铜人头像
　　　中国国家博物馆藏

图3　男青年青铜雕像
　　　意大利那不勒斯国家考古博物馆藏

图 4　蜻蜓眼玻璃珠
　　　湖南省博物馆藏

图 5　雅典娜大理石雕像
　　　意大利罗马蒙特马尔蒂尼中心博物馆藏

　　与青铜低调的血脉不同，西方的玻璃（图4）、东方的丝绸，在异域闪亮登场，以张扬奢华的姿态昭示着丝路的存在。玻璃于古代中国不盛，偶有出土，从成分和形态来看，多为西方产品，常见于豪贵墓葬，为世所珍。东方丝绸于西方亦如此，唯"女神"可得（图5）。驼铃阵阵，翻山越岭，或许只是想在这土地上创造更多的邂逅。

　　土地的尽头有无限的可能，海洋的彼岸又会是什么？在东西两头，人们从未遗忘海洋。茫茫海域，不愿迷失向往的方向。指南针，早被东方人发明出来，辗转经阿拉伯人传至欧美，却被欧美人用来寻找东方。阿拉伯人在陆上从中作梗，令欧美人望东方而兴叹，对东方遍地珍宝的想象驱策他们另辟蹊径。在指南针的指引之下，1498 年达·伽马终于绕过好望角，以为自己发现了新的世界，殊不知，早在他们的冒险之前，印度洋早已形成环环相扣的贸易圈层，而中国人在其中地位非凡，是珍贵商品的提供者。然而，农业民族知识精英在文献中的轻描淡写，模糊了东方先祖对于

图6 "蓬莱一号"古船模型
　　　上海中国航海博物馆藏

图7 景德镇窑青白釉刻划花花卉纹浅腹碗
　　　"南海一号"沉船出土
　　　中国国家博物馆藏

　　海洋的探索奋斗。出土于海底河道的硕大船只（图6）和丰富船货（图7），却又将这些被历史风尘淹没的记忆重新唤起。用线条连接起一艘艘沉船的沉没地点，一条条险象环生的海路清晰可见，而风暴礁石之中开辟海路义无反顾的身影，也在博物馆的明暗边际中隐约闪现。

　　陆与海，两条路的蜿蜒，让远方的想象，成为可能。

二、一个人的行囊

　　无数人在东西曲折的道路上奔波，马可·波罗是他们共同的名字。这位曾经面见忽必烈大汗的西方使者，以夸张的口吻将东方的见闻娓娓道来，让东方的形象亦真亦幻。当一个人邂逅一个前所未有的帝国，有哪些经历值得他念念不忘，在身陷囹圄之际仍要喃喃诉说？又有什么值得被放入窄小的行囊，带回万里之外的故土？

　　展览的第三单元，意图再现元帝国的片段，带领观者走入马可·波罗曾看到的辉煌景色。数百年前，马可·波罗一行万里跋涉的风尘仆仆，于展厅中心的商旅陶俑上（图8），或可略窥一斑。而御容图册之中皇亲国戚的形容（图9），或许正有马可·波罗偶遇过、赞叹过的衣冠楚楚、音容笑

图8　陶俑一组
　　　内蒙古博物馆藏

图9　元后妃、太子相册
　　　故宫博物院藏

图10 双凤麒麟纹石雕（复制品）
原件藏于中国国家博物馆

图11 "至元通行宝钞"铜钞版
广东省博物馆藏

貌。步入大都恢宏的宫殿，连栏板柱础都精雕细刻（图10），走进市井街巷，薄薄的纸片亦可交易（图11）……中国的见闻已令马可·波罗目不暇接，而大都的国际性和大汗的财富，更令他不由地发出感叹："外国巨价异物及百物之输入此城者，世界诸城无能与比""大汗获有超过全世界一切宝藏的财货之方法，业已备述于前"。遨游于这迷人的地方，马可·波罗和他的伙伴们会希望将什么带回故乡呢？

意大利威尼斯国家档案馆，留下了马可·波罗去世时的财产清单（图12）。在他的遗产中，与东方相关的遗物包括了一件鞑靼丝绸袍子、一件罟罟冠、三块中国丝绸、一件纳石失长袍等。纳石失是波斯语词的音译，可意译为"织金锦"，是最得时人青睐也最具影响力的元代织物。而罟罟冠则是蒙古贵族已婚妇女所用的冠冕，外包锦缎，缀以珠玉。或许正是来自这份财产清单的启发，18世纪的艺术家创造了马可·波罗身着蒙古装束的模样（图13）。马可·波罗的选择，或许是一个时代西方人的共同想法。带上东方的丝绸和服饰返回，看起来理所应当——都已经到了丝绸的大本营，怎能不"衣锦还乡"？

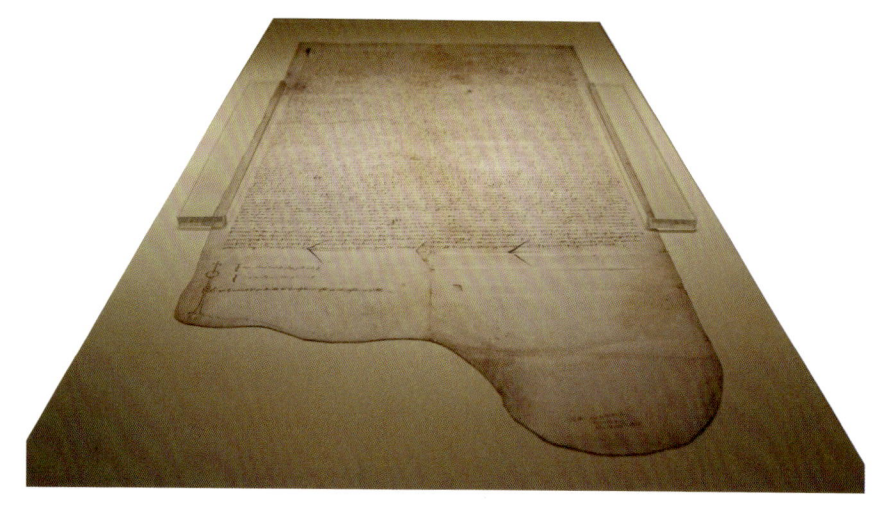

图12 马可·波罗去世时的财产清单（复制品）
原件藏于意大利威尼斯国家档案馆

图13 着蒙古装的马可·波罗
（1816年复制品）
意大利威尼斯科雷尔博物馆藏

来往于丝路的马可·波罗虽沉迷于东方的富有，却也未曾忘记前往东方的使命。生意诚可贵，信仰价更高。马可·波罗一家是虔诚的基督教徒，前往东方时，甚至还携有教皇写给大汗的书信。因此，《圣经》或许亦在行囊中有自己的一席之地。而不少《圣经》也随着众多"马可·波罗"的脚步来到中国，有些甚至留在了东方，流传于民间。由此，这行囊中，东方与西方奇妙地融汇于一隅，叮当作响。

马可·波罗行囊有限，而众多慕名而来的西方人，在东方还有更多的

选择。中国瓷器带来的狂热不亚于丝绸。大航海时代开启之前，欧洲人碍于中东的地理阻隔和奥斯曼人的恶意抬价，无缘于东方的昂贵器皿，只好因陋就简，用粗陶、木碗将就日常需求。当大航海时代来临，西方人终于不必仰奥斯曼帝国之鼻息。但他们由海路进入东方之后，却直接坠入了东方商品的"陷阱"。青花瓷光洁的釉面、坚致的胎体，已经令人着迷，而白地瓷器上幽蓝的凤凰（图14）、绽放的莲花（图15），更令人心醉。无论是贵族还是平民，在购置瓷器上似乎慷慨大方，这也让早期殖民者辛辛苦苦从美洲、非洲抢掠而来的白银黄金源源不断地落入了东方人的腰包。这让不少西方头脑清醒的有识之士大声疾呼，抵制这吸金吸银的无底洞，不要被瓷器表面的光洁欺骗。然而由俭入奢易，由奢入俭难，消费的潮流难以逆转，瓷器的忠实拥趸甚至还创造了瓷器的"神话"：中国瓷器可不只好看那么简单，它还能验毒。当毒药投入瓷器，它就会自动开裂。而它的地位一如贝利尼所绘：与神并列。

图 15 永乐青花缠枝莲纹碗
中国国家博物馆藏

图 14 元景德镇窑青花双凤纹玉壶春瓶
中国国家博物馆藏

图 16　美第奇软瓷罐
意大利那不勒斯马提纳公爵博物馆藏

东方瓷器价值不菲，嗅觉敏锐的商人们自然不肯放弃这一商机，有人致力于打造销售渠道与平台，自然有人在模仿山寨上动起了脑筋。从中国瓷器输入伊始，众多有实力的商业家族与集团便开始了仿制。仿制之路崎岖坎坷，历经200年鲜有进展（图16），以至于到18世纪传教士殷弘绪仍不得不在景德镇"潜伏"盗取技术。虽然如此，却在客观中刺激了西方人于科技方面孜孜不倦地探索。这或许亦是东方之于西方的隐秘影响。

丝与瓷，一个人的行囊，让想象的远方，触手可及。

三、诗意之外

这场丰盛的展览，汇聚了意大利21家博物馆、国内17家博物馆共计200余件展品。全展六个单元之下，每个单元再分3—4组展开，在展览结构上试图织就严密完整的网络。两条丝路（第一、二单元）开拓沟通的基础；一个帝国（第三单元）铺就交流的背景；两种方向（第四到六单元）

揭示影响的力量。同时，展览的每一小节，均配以文采斐然的导览词引导观众步步为景，配合昏暗光亮交替的场景，试图在东西交流的种种线索之间营造出一重诗意的氛围。从展览结构到展览语言，均可看出，布展者试图突破以往以时间为主线的叙事结构，在博物馆空间中创造出全新的浸入式体验。种种尝试，引人入胜，可圈可点。

然而，值得反思的是，在这场展览中，"东"与"西"的概念，相对暧昧。在1498年之前，意大利地区与中国并无大规模人群的直接联系，如马可·波罗一般的旅行者终属少数，两地文化的众多交流，不可避免地经过了中间地区的层层累加，特别是中东、中亚地带的中介作用，一向引人注目。从中国的角度来看，有不少西方文化元素，实际根植于这些中间地带。如展览第一单元第Ⅲ组"远去的驼铃"，展示有众多胡人俑的形象（图17），他们更有可能来自中东地区，而非更远的欧洲，如此，便容易造成对西来影响认知的混淆。而在展览第三单元第Ⅲ组"天马足迹"

图17 彩绘持壶西域人俑
　　　中国国家博物馆藏

中，除元代绘制《拂郎国贡马图》之外，还展示有汉代骑马俑。汉代天马良种应主要来自中亚或北方草原地带，而非更远的欧洲。这在某种程度上，便削弱了"文艺复兴"这一主题的表达。

不过，若从展览主标题来理解这场展览，似乎又可对以上疑问形成某种消解。既然"无问西东"，在某种意义上，便是承认"西"与"东"的相对性。因此，200多件展品的设置与安排，对东西所见异域文化的勾勒，与其说是在解答东西交流的动因，倒不如说是一场追问与启发：在种种线索之中，大陆两头的文明，在时间的演进中，究竟是以怎样的形态和方法，达成妥协与融合？而这种妥协与融合，又在多大程度上，影响了彼此的文明？在走出展厅之时，策展者期待的可能不只是对文艺复兴艺术作品之中的东方印象的表达，可能更有观者对晦暗不明之处的诘问与探究。而正因如此，这场展览也获得了某种想象的开放性。

海子说，远方除了遥远一无所有。与之相反，在13世纪西方人的想象里，去到太阳升起的远方，便可以获得一切。史书中的东方人似乎安土重迁，然而暗地里，对西方的美物的吸纳源远流长从未间断。看似遥远的距离，在断壁残垣之上无尽缩小，看似天壤的差别，在奇珍异宝之上融为一体。种种陌生与熟悉的形象在同一种物件上层层叠叠难分彼此，其所透露的，只是东西方人群共同的渴望：不问方向，不问时间，只愿在身边汇聚一切美好的元素，如影随形。

相关图录

王春法：《国博〈无问西东〉》，北京时代华文书局，2018年。

肆

何以 CHINA

幻彩茶思

展览名称：昔年茶事——巩义新出唐代茶器
展览地点：北京　北京大学赛克勒考古与艺术博物馆
展览时间：2016年4月29日至2016年8月20日

一套近乎完备的茶器，却永远等不到甘洌的茶香；缤纷茶器与沉静茶汤的映衬，却只能存在于想象。中原土地之上，锄头与土地的碰撞，在偶然之间，揭示出茶圣陆羽笔下的茶器理想。2016年，北京大学赛克勒考古与艺术博物馆举办的"昔年茶事"展览，向世人展示了河南巩义地区晚唐墓中出土的系列茶器，与陆羽《茶经》中的记载近乎一致，而更引人入胜的是，这些茶器皆为唐三彩，展示了非同一般的唐代茶韵。

一、唐代的茶与茶具

茶在中国出现甚早，不过，在成为日常饮料之前，茶主要作药用。早期的饮茶之风不甚讲究，而茶的味道也与今日不同。按照唐人记载，直到盛唐，饮茶仍要放入葱、姜、枣、橘皮、茱萸、薄荷等物——由此看来，饮茶形似喝姜汤，是件颇为刺激的事情。据孙机先生研究，陆羽的《茶经》大约成书于764年以后不久，正值饮茶之风开始兴盛的时代。陆羽和他的著作对饮茶习惯由粗放到精细的转变有着关键性作用。在这部著作中，他详细地论述了茶的生产、加工、煎煮等问题。事实上，想要完成饮茶这一套整体动作，合适的道具必不可少。正因如此，陆羽在《茶经》中特辟专章，论述茶器，其中最为人所熟知的段落，莫过于他对当时茶碗"邢瓷类银，越瓷类玉""邢瓷类雪，越瓷类冰"的品评。茶碗釉色与茶水本色原有相互辉映之妙，因此，若想要在牛饮解渴之外，更寻一番清雅的乐趣，则非要讲究茶器不可。实际上，陆羽在茶器章节详加论述的不止茶碗，从烧水到煎煮，涉及的器物有25种之多。每种器物的材质与制备配合茶的烹煮而均自有一番门道。

陆羽的文字自能引发我们对盛唐茶事的一番神思，然而倘若仅有文字而无实物，则古人饮茶活动的场景，只能在我们的脑海之中云山雾罩，隐约不清。虽然多年来的考古工作，已经通过墓葬壁画和部分实物，为我们揭示了部分唐代茶器的形态，但能够全面反映从碾茶、煎茶、分茶到饮茶的整套茶器殊为少见。2015年5月，河南的考古工作者在巩义发掘清理了三座晚唐墓葬，三座墓中各出土有一套微型陶瓷茶器，品类齐全，使我们有机会一睹茶圣时代煎茶用器之全貌。

此次巩义晚唐墓葬出土的茶器，包括了炉、碾〔图1〕、执壶、茶盘〔图2〕、则、盂等等，极为齐全。其规格甚小，多可置于掌心，绝非实用器皿，应为丧葬专制。在出土的这些茶器之中，最能显示出唐代茶风的器物，莫过于风炉与鍑〔图3〕。

由于时代、地域乃至茶种的差异，烹茶各有不同的方法与工序，由此配合的茶器茶具也各不相同。陆羽在《茶经》中提倡的饮茶方式，乃是煎茶法。煎茶法，需要先在风炉上置鍑煮水，等到水微微沸腾，则量出茶末投入鍑中，随即用竹搅拌，等待茶沫涨满，则可倒入碗中饮用。这与今天冲泡茶叶的方法大异其趣，与后来晚唐兴起、宋代流行的点茶法也不尽相

图1 茶碾

图2 茶盘

图3 风炉与䥽

同。泡茶法的核心在于"泡",点茶法在于"点",后两者虽然也需用炉,但与煎茶法相比,显然炉灶已经被移出了核心程序。因此,二者所用的炉也和煎茶所用之风炉大不相同。

"昔年茶事"的策展者显然深谙此道,因此将一件煎茶的风炉与坐俑用作了整个展览的宣传封面。不过,在说明牌和宣传文章中,将此件器物称为"坐俑及炉",则似乎忽略了另外一件具有标志意义的器物,即鍑。从器物来看,茶器的制作者显然将风炉与鍑相连,制成一件。不过在《茶经》的叙述之中,却是各有陈述。据《茶经》:"风炉以铜铁铸之,如古鼎形。"又称:"鍑以生铁为之……洪州以瓷为之,莱州以石为之,瓷与石皆雅器也,性非坚实,难可持久。用银为之,至洁,但涉于侈丽。"由此可见二者制备所用材料各具特点。实际上,鍑或许是更具唐代特色的茶器,因为煎茶法虽然到宋代仍然作为追溯古意的饮茶方式而流行于文人群体,然而煎茶之器却由"鍑"变成了"铫"或"铛"。

　　使得整套茶具大获生趣的,莫过于坐俑。坐俑持瓢戴冠,表情专注,极为可爱。实际上,在盛唐以后 3 个多世纪的日常饮茶中,整套茶具里往往也包含一尊塑像,这塑像塑的不是别人,正是陆羽。在《茶经》(图 4)成书后不到半个世纪,在一些地方,陆羽就被奉作了茶神。卖茶者往往将瓷做的陆羽供在茶灶一边,生意若好便祭祀之,生意不好,便用热开水烫他。对待神灵也敢"恩威并施""刚柔并济",大约也是民间信仰中独一无二的一桩趣例吧。

图 4 《茶经》展板

陈列中的孤单器物，因其失去了使用的环境与背景，往往让人一头雾水。而在"昔年茶事"中，策展者则充分利用古代图像资料，用种种备茶图像来引做茶器使用的背景。众多墓葬壁画和传世作品中的人物，让静态的器物获得了动势与活力。在器物与图像的无声的互动中，重见天日的器物被真正赋予了新的生命。

二、唐墓与三彩

沿着展线，细细观览这几套精细可人的茶器模型，不觉便到了展览的第二部分，"墓的解读"（图5）。若仅仅依靠墓葬中出土的几套普通茶器，一场展览成立的理由显然不够充分。因此，这些茶器并不平凡——它们是由以唐三彩为代表的铅釉陶制成的。更为重要的是，出土茶器的这三座唐墓出土墓志较为清晰地表明了墓葬年代为大和六年（832年），这使得墓中出土的整套铅釉茶器具备了年代标尺的意义，为我们了解晚唐茶风和三彩特色提供了重要的证据。

唐三彩往往与墓葬相连。20世纪以来，唐三彩名噪一时，其最初的

图5 墓中出土银头饰

发现，就是由于在20世纪初铺设汴洛铁路的过程中，集中开挖了洛阳北邙山地区的汉唐墓葬。大量的唐代多彩釉陶由此出土并进入人们的视野。不过，"三彩"这一名称却非来自唐人典籍。时人称之为"彩色釉陶"或"唐多色釉"，直到20世纪20年代才出现了以"唐三彩"为名的展览与图录。从此，"唐三彩"成了唐代多彩铅釉陶器的代称。其实，"三"仅指多，唐代的低温铅釉陶器，既包含单色釉陶，亦包含二彩、三彩、四彩等多色釉陶等种类。巩义这批墓葬中出土的铅釉陶器，就同时包含有单色铅釉器物和多彩的铅釉器物。

人们把三彩视作明器，不仅仅因为唐三彩多出土于墓葬之中，也因为唐三彩留给人深刻印象的，往往是那些用作镇墓的威严武士和狰狞神兽。又由于三彩制品往往胎质疏松，相对于高温瓷器来说吸水率更高，易于破损，而其釉中含铅会导致慢性中毒，所以今人多推测三彩应无实用价值。其实，唐墓出土的三彩器物，不仅包含有唐丧葬令中所见的四神、十二时等模型俑类，也包含有日常生活中常用的碗、盘、杯、罐。而在墓葬之外的古代居住遗址中，唐三彩也多有发现，绝大多数标本属于日用器皿。至于釉中含铅易致人慢性中毒的说法，也是近代医学发展以来的认识。因此，在唐人的生活中，可能有部分唐三彩确实有其实用价值。巩义唐墓的营建者，选用唐三彩等铅釉陶器来制作茶器进行随葬的灵感，或许正来源于生活中对唐三彩器物缤纷釉彩的喜爱（图6）。不过，展览中这几套茶器应确属明器无疑，因为它们实在是太小了！

图6 三彩宝相花纹三足盘

自 20 世纪 50 年代，日本学者水野清一指出唐三彩多出土于官僚墓葬，是与平民无关的贵族用器以来，唐三彩属于上等阶层用器的说法便风靡一时，至今仍受到追捧。实际上，随着考古材料的日渐增多，使用三彩随葬的平民墓也不乏其例。巩义这三座唐墓便是如此。由此而观，三彩器物在唐代同时受到平民与贵族的追捧，是超越了阶层、颇具影响力的陶瓷制品。不仅如此，虽然唐长安、洛阳地区集中出土了大量精美的三彩制品，但实际上全国范围内广泛有出土案例。不仅在国内，日本、韩国乃至东南亚的爪哇海域，均有中国唐代铅釉制品的发现，其流传范围之广，令人惊叹。那么如此富有魅力受人欢迎的三彩器物，又是哪里生产的呢？展览的最后一部分，回答了这个问题。

三、巩义窑

目前，陕西、河南、河北、四川等地均发现有三彩窑址。一般认为，由于陶瓷品较为沉重，主要供给于窑址附近的市场，正因如此，唐代政治核心地带两京地区出土的众多三彩器物，可能正来自现在的陕西、河南的窑场。其中，河南巩义黄冶窑址是我国发现最早的一处唐三彩窑址，长期以来受到了广泛的关注。从胎釉特征来看，此次展览中巩义唐墓出土的三彩茶器应当就是巩义窑的产品。

从 20 世纪 70 年代起，考古工作者先后多次对这一重要窑址进行了考古调查与发掘，2015—2016 年，为配合省道拓宽工程，考古工作者再次对巩义窑窑址进行了抢救性发掘。这一最新发掘获得的大量遗物资料也陈列于此次展览中，为我们揭开了唐三彩生产过程的神秘面纱。

在展览中，为了清晰地表现唐三彩日用器皿的整体魅力，和此次发掘所获得的精品，策展者们精心设计了河南唐三彩器皿的展示表格，矫健多姿的双龙尊，炫彩华丽的辟雍砚，无不折射着大唐的雄姿与雍容。而显微图像对釉层的拍摄，更让观众领略到釉层的莹润与光洁。除此以外，展览特辟展柜,将生产过程中使用的印模(图7)、支烧具(图8)、试釉具、垫板、烧制失败的粘连标本陈列出来,来为观众揭开唐三彩生产的神秘面纱。可谓用心良苦。

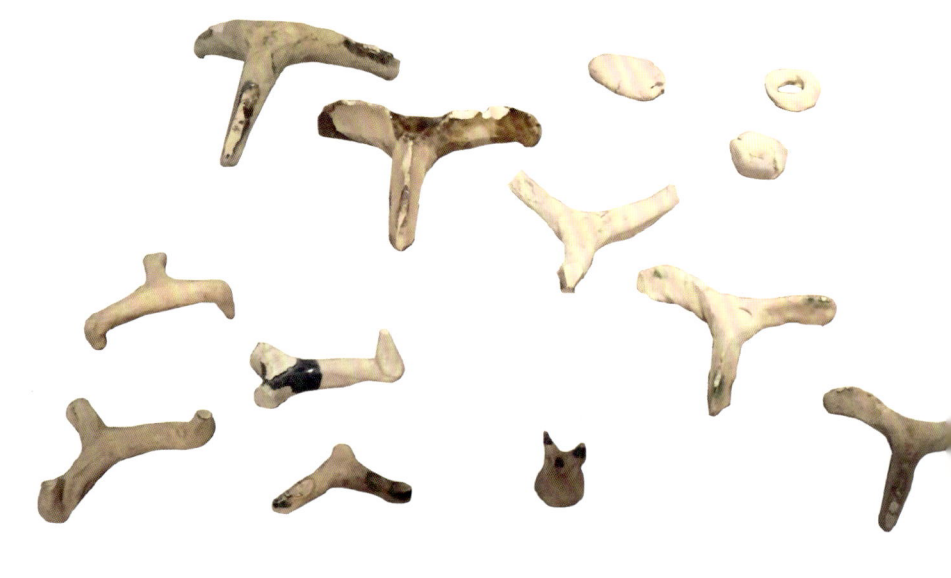

图7　印模

图8　三叉支钉

图9 巩义窑白瓷

图10 "唐青花"
黑石号出水

　　实际上,谈到巩义窑,精彩就不再限于唐三彩了。诚如展览中所提,巩义窑是唐代陶瓷"南青北白"格局中北方白瓷的重要代表(图9);是举世瞩目的"唐青花"目前唯一已知的产地;同时,它还是绞胎瓷器的创烧地点。多年来,从日本到波斯湾,从西太平洋到印度洋沿岸,众多海外地区都发现了中国晚唐五代时期的陶瓷产品,这些产品以越窑青瓷、长沙窑瓷、广东青瓷和北方白瓷为最主要的种类。其中北方白瓷中有相当的比例应当来自巩义窑。爪哇海域著名"黑石号"沉船出水的"唐青花"(图10)、白釉绿彩瓷器(图11),最有可能的产地,就是巩义窑。"唐青花"出土甚少,与西亚地区9—10世纪的白地蓝花陶器存在着某种特殊的亲缘。也就是说,这种可能来自巩义窑的产品,是唐帝国通过古代海上丝绸之路与西亚国家进行陶瓷技术层面交流的重要证据。实际上,西亚地区于9世纪也在生产伊斯兰三彩,不少学者认为,伊斯兰三彩正是模仿唐三彩的产物。从这个层面来看,"不盈一握"的巩义三彩釉陶茶器,背后折射的,是1000年以前整个世界的陶瓷潮流与风尚。

图 11　白釉绿彩瓷器
黑石号出水

昔年茶事，但供追思，已难再做品茗之用。然而隔着透明的展柜，往日缤纷的茶影，恍惚之间，依然如新。那是一个大时代的缩影，那是一代先人的心境。

延展阅读

　　孙机：《中国茶文化与日本茶道》，《中国历史博物馆馆刊》，1996年第1期，第62—69页。

　　扬之水：《两宋之煎茶》，引自扬之水《古诗文名物新证2》，紫禁城出版社，2004年。

秘色人间无

展览名称：秘色重光——秘色瓷的考古大发现与再进宫
展览地点：北京　故宫博物院
展览时间：2017年5月23日至2017年7月2日
展品数量：187件（组）

秘色出炉上林湖，千里奔波路途，一朝法门地宫封，但存精诚献佛骨。往事越千年，《衣物账》上真面目，遥遥望来路，残瓷碎梦寻故土。湖上风景依旧，没了窑火烟柱。

秘色瓷曾是让人困惑的瓷器。与其他瓷器相比，唐宋文献对秘色瓷的记载可谓连篇累牍且赞不绝书，可它究竟是什么样子，却让人莫衷一是——它的名字似乎是在昭显：它注定神秘。

30年前，一个重大的考古发现意外地破解了秘色的神秘，掀起了秘色瓷研究的热潮。经过多年的寻找，2016年，秘色瓷的故乡也被人们发现。2017年，故宫博物院举办的"秘色重光——秘色瓷的考古大发现与再进宫"展览，集合了全国秘色瓷的精华和考古发现的最新成果，为我们展现了瓷中探秘的精彩。

一、秘色之谜

不少观众一入展厅，便连声称赞，直言"太美"。国人对青瓷的欣赏大约源自骨髓，深植基因。这番欣赏原本也有其渊源。

当年陆羽说越器，如冰似玉。这番描述已足以让"比德于玉"的君子们痴迷。然而陆龟蒙《秘色越器》云："九秋风露越窑开，夺得千峰翠色来。"徐夤《贡余秘色茶盏》云："巧剜明月染春水，轻旋薄冰盛绿云。"如此赞誉，让玉色具象化，显然又更胜一筹。由此，越器中的极品秘色瓷引发了后人的无数遐想。可是千百年来，论者颇多，目睹秘色真容者寥寥无几。究竟何为秘色，长久以来，只是人人竞猜的谜团。唯其如此，更让人心痒难耐。

意外的转机出现于1987年，出现于距离浙江越窑千里之外的陕西。法门寺地宫的考古发掘，挖出了满地供奉佛骨的金银珠宝，让人眼花缭乱。面对如此情势，倒是一个朽烂漆盒中13件朴素的青瓷碗盘和地宫角落里的1个青瓷净瓶，显得与众不同，格外扎眼。这是什么瓷器，何德何能，得以与八重宝函、金盒银碗等量齐观？若非皇室心诚，非要将供奉佛骨之物一一列目为《衣物账》，刻于一块石碑之上，众多宝物的大名便要永久随着记忆埋没。细读《衣物账》碑，"瓷秘色椀七口内二口银棱瓷秘色盘子叠子共六枚"赫然入目，数量、器形与漆盒中的青瓷完全吻合（图1）。没有一丝丝防备，秘色瓷就这样被重新发现了。法门寺地宫出土的这些瓷器，成了判断秘色瓷的标准器。

那么什么才是判断秘色瓷的标准呢？步入展览的第一单元，便可眼见为实。"秘色重光"展从陕西借来法门寺地宫出土的若干碗碟，与故宫珍藏的越窑器物并肩而置，普通越器与秘色瓷器的差别一目了然。单看故宫所藏越窑瓷器，已甚觉莹润可爱（图2），但若与秘色瓷器对比，则釉色的青绿程度终究稍逊一筹（图3）。纯净的青绿釉色，这也正是烧制秘色瓷最重要的追求，也是众多秘色瓷最为显著的特色。当然，也有例外。法门寺

图 1 《衣物账》碑文

图 2 越窑瓷器

图 3 秘色瓷 后司岙窑址出土

地宫出土有两件鎏金银棱平脱雀鸟团花纹秘色瓷碗，所露出的釉色便呈青黄。然而实际上，从色彩的搭配来看，这两件碗的釉色可能正是为配合金银平脱的效果而刻意为之。由此而观，青绿釉色仍应是秘色瓷的主流。

既然秘色瓷以青绿釉色为特征，那么"秘色"二字所指，是否就是这种特殊的釉色呢？不少看过了展览第一单元的观众，虽然见识了秘色之美，但心里仍有个小问号。展览的第二单元便"默默"地回答了这个问题。

二、瓷本"秘色"

实际上，学界对"秘色"的含义有很多种解释，有人直观地理解为釉色神秘，也有人认为"秘"与"碧"谐音，其实应该是指瓷器青绿的釉色。清华大学的尚刚教授曾对"秘色"二字进行过扎实考证。他指出，"色"虽然最常用的意思是颜色，但它还有另外一个很重要的义项：种类。咱们平时说的"各色人等""清一色"等词汇中，"色"就是这个意思。"秘"如果用作形容词，常常是指与帝王相关的，如帝王的车驾为"秘驾"、宫中藏书之地为"秘阁"。这两个字连缀起来形容瓷器，意思就很明显了，秘色瓷就是指"皇帝的瓷器"。从文献来看，宋人谈及"秘色"的来历，意见统一："世言，钱氏有国日，越州烧进，为供奉之物，不得臣庶用之，故云秘色。"这也印证了这一观点。因此展览的第二单元就命名为"皇帝的瓷器"。

作为皇帝的瓷器，秘色瓷并非只为一家皇室效劳。晚唐五代宋初，各地群雄争霸，从南到北，皇帝泛滥到几乎成了一种职业选择，而秘色瓷则广受欢迎。唐代皇帝使用秘色瓷，已经有法门寺地宫遗物为证。早在20世纪50年代，吴越国第二代君主钱元瓘的墓便被发现，墓中出土的青瓷瓶上有龙纹，局部涂金，当时便被推测为秘色瓷〔图4〕，后来也得到了印证。虽然贵为五代十国时期坐拥浙江的吴越君主，钱元瓘对秘色瓷的使用却并非首创。在他祖母水邱氏墓中，也藏了不少秘色瓷器，这或许透露出吴越开国国主钱镠的孝心。钱元瓘的贵妃马氏墓中更出土有40余

图 4　秘色瓷浮雕盘龙纹罂
　　　钱元瓘墓出土

图 5　秘色瓷瓜棱盖罐
　　　康陵出土

图 6　越窑刻云鹤纹盒
　　　北宋元德李后陵出土

件秘色瓷（图5）。这些情况足见吴越皇室对秘色瓷的钟爱。

秘色瓷名声在外。吴越国势弱小，秘色瓷虽然"不得臣庶用"，但在和大国的外交之中，却挡不住大国皇帝的垂涎。宋太宗皇后元德李后的陵墓中，出土有几件越窑瓷器，有学者认为应为秘色瓷（图6）。实际上，在《十国春秋》《吴越备史》中，吴越向北宋贡奉秘色瓷的条目屡见不鲜。但特别值得注意的是，吴越国面临北宋的政治军事压力，虽有心讨好，贡奉秘色瓷的数量却一直不高，每次一般也就是"五十事""二百事"，这和贡奉金釦越器、银釦越器数量动辄上万的情况，形成了鲜明的对比。由此也可知秘色瓷之珍贵，非同一般。

图 7 青瓷执壶
辽圣宗贵妃墓出土

辽国皇室君主同样觊觎秘色瓷。从辽圣宗贵妃墓中出土的众多越窑青瓷产品来看，辽国皇室的愿望应当也是实现了。展览中的辽贵妃墓青瓷执壶(图7)，流口、壶口均饰以银釦，釉色均匀莹润，很有可能也属秘色瓷类。此件执壶气质优雅，引得众多观者久久驻足，不忍离去。

三、秘色瓷源

自法门寺地宫发掘以来，众多遗址、墓葬中的秘色瓷器得以确认。然而，秘色瓷的烧造地点，却始终云里雾里。明嘉靖《余姚县志》说："秘色瓷，初出上林湖，唐宋时置官监窑……"从20世纪30年代的陈万里先生开始，考古工作者就开始了对浙江上林湖地区的调查工作，到20世纪90年代，浙江省文物考古研究所先后发现低岭头、荷花芯、寺龙口、石马弄等窑址，并予以考古发掘。这些窑址出土的越窑瓷器，数量不少，质量甚高，几乎涵盖了从唐中晚期至南宋初年的产品，反映了唐宋时代越窑跌宕起伏的烧造史。从多年来的考古调查和发掘的结果来看，上林湖窑址群确属越窑窑场的核心。但究竟具体是哪家窑场生产秘色瓷器，却仍然不甚明确。

  2015年，考古工作者再度进军上林湖。这一次终于发现了秘色瓷的老家——后司岙窑址。该窑址不仅出土了大量与已知秘色瓷类似的瓷器残片，还出土了众多生产秘色瓷使用的窑具。而生产秘色瓷的种种设施也被一一揭露：窑炉、釉料缸、贮泥池等一应俱全。由此，秘色瓷的生产在众多考古工作者的辛勤努力之下，全方位立体化地展现在世人面前。

  为了向观众说明秘色瓷窑址发掘的具体过程，"秘色重光"展特意在展厅中布置放映设施，利用三维影像（图8）和拟真模型，向观众展示考古工作中逐层揭露的过程，并逐一展示布满窑具瓷片地层的全貌。展厅中的小观众对此最感兴趣，手舞足蹈，大约是领略到了秘色探源的兴奋。

  只有找到了秘色瓷的生产地点，我们才能知道烧造秘色瓷的秘密。展览的第三单元，便利用2015—2017年后司岙窑址的考古工作成果，展现了秘色瓷烧造的艰辛与讲究。

图8　后司岙考古三维影像

图 9　秘色瓷匣钵
后司岙窑址出土

  从南朝洪州窑起，瓷器在烧造的过程中需要一种叫作匣钵的工具。顾名思义，匣钵其实就是一种盒子，烧造时将瓷器放于其中，能够防止烧窑时扬起的炉灰和其他物质污染釉面或破坏瓷坯。一般的匣钵所用的原料远比瓷器坯体粗糙，但后司岙窑址出土的秘色匣钵（图 9）则与众不同。匣钵所用原料竟与秘色瓷胎体基本一致！秘色瓷的瓷胎特别细腻，其原料淘洗过程远比一般瓷器讲究，而如此精心淘洗的瓷土，竟然"浪费"在匣钵这种窑具上？要知道，匣钵既然是瓷器的"罩子"，体量自然比瓷器更大，所用的精炼瓷土显然也要更多。另一方面，秘色瓷的烧造，需要用釉封住瓷质匣钵，使瓷器在强还原气氛下烧成，只有这样才能保证釉色的青绿。然而用釉封住匣钵的做法，进一步造成了浪费。为什么呢？在众多瓷窑遗址，匣钵原本是可以被重复利用。如果用釉封住匣钵，匣钵在冷却之后就会成为密封的盒子，取器物时，需要把匣钵打破才能取出。也就说，这么浪费精炼瓷土的匣钵，居然只能用一次！后司岙窑址为了烧出最精美的秘色瓷，不惜工本，可见一斑。

  第三单元中，除了展示有瓷质匣钵外，还陈列了众多秘色瓷器残片、底部，摆放方式比起第一、二单元的完整器物略显随意。实际上，这种看似随意的摆放，正是为了让观者从多种不同的角度观察秘色瓷的胎、釉、口、底（图 10）。如前文所说，与普通越窑瓷器相比，秘色瓷胎质更为细密。

图 10　秘色瓷花式盒盖（左）、盏（中）、花口盏（右）
后司岙窑址出土

从展览中展示的秘色瓷与普通越窑青瓷釉面显微照片中可以看出，秘色瓷釉面也更为透彻。这表明秘色瓷的釉层杂质含量较少，釉料经过了更为严格的选择和处理。

瓷器的底部往往是显示瓷器档次的重要部位。至今，任何一种瓷器仍然需要面对先天不足——无法让器表布满釉层。不信，你可以端起家里的碗，细细端详，往往能在瓷碗圈足找到那一处略显粗糙的露胎之处。瓷器无论放在什么地方烧造，其底部都需要有所支撑。一旦底部完全施釉，瓷器烧成时就会粘住它的支撑物。所以，人们能做的，只是尽量减少瓷器露胎的部分。瓷器史上登峰造极的满釉工艺是汝窑的"芝麻钉"支烧，仅在底部露出三五个芝麻大小的露胎点。而这种支烧方式寻根溯源，却能在秘色瓷这里找到"先驱"。后司岙的窑工当然也想让秘色瓷逼近满釉，因此用众多泥点托住瓷器的底部，尽最大可能减少秘色瓷露胎的部分。因此，今天我们看到的秘色瓷器底，往往有点状露胎的痕迹（图11）。而这背后，正是秘色窑工对精工制作的追求。

唯有在胎釉形彩等方面尽善尽美，瓷器才会有千古留存的赞誉。而尽善尽美意味着兼顾方方面面的标准，意味着烧成难度的增加。秘色瓷追求极致效果，因此烧成率极低。前文提到的"以百敌万"的数据，已经暗示了秘色瓷之珍贵难得。"不得臣下用"未必全然是皇室的傲慢，更有可能

图 11 秘色瓷的支烧痕迹

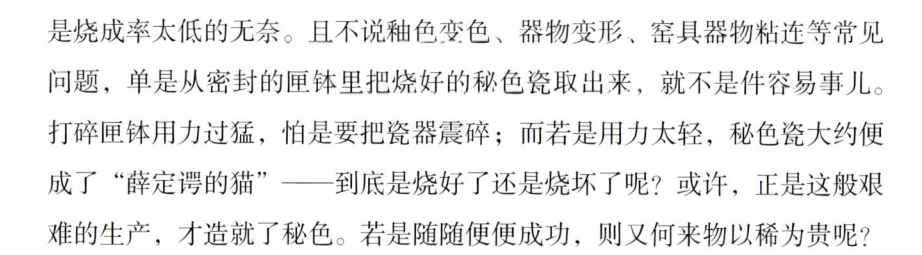

是烧成率太低的无奈。且不说釉色变色、器物变形、窑具器物粘连等常见问题，单是从密封的匣钵里把烧好的秘色瓷取出来，就不是件容易事儿。打碎匣钵用力过猛，怕是要把瓷器震碎；而若是用力太轻，秘色瓷大约便成了"薛定谔的猫"——到底是烧好了还是烧坏了呢？或许，正是这般艰难的生产，才造就了秘色。若是随随便便成功，则又何来物以稀为贵呢？

秘色身世在展览的阐释中祛魅而渐次明朗。这颗中国瓷器史上的启明星，引领了中国瓷器此后 500 年的釉色追求。从越州到耀州、到汝州、到临安皇宫脚下、到龙泉深山，一个又一个窑址如接力一般，把秘色引领的潮流发扬光大，传播四海。当秘色千年之后再度醒来，看到 500 年间的青瓷一步步趋近于玉色，甚至获得异域人的欣赏与模仿，或许也并不会懊悔当日的苦心经营吧。

延展阅读

陕西省考古研究院等：《法门寺考古发掘报告》，文物出版社，2007 年。

浙江省文物考古研究所等：《秘色越器：上林湖后司岙窑址出土唐五代秘色瓷器》，文物出版社，2017 年。

宋磁の美

展览名称：宋磁の美
展览地点：大阪　大阪市立东洋陶瓷美术馆
展览时间：2016年12月10日至2017年3月26日
展品数量：43件（套）

陈寅恪先生有云：华夏民族之文化，历数千载之演进，造极于赵宋之世，后渐衰微，终必复振。这番言论于中国陶瓷史亦可通用。有宋一代，瓷器生产名窑迭出，百花齐放，可谓前无古人后无来者。2016年，大阪市立东洋陶瓷美术馆集中馆藏瓷器精品举办了"宋磁の美"特集展，向世人展示宋代瓷器的简约之美。

一、青

"宋磁の美"以一件金缮汝瓷（图1）作为"镇展之宝"。这件汝瓷虽体量不大且曾被修复，但器色古朴，光泽柔和，气质沉静，聚光之下，令人心折。汝瓷以天青釉色著称，此件汝瓷小盏，在流传过程中，有所破损，但主人以黄金修补，为

图1　金缮汝瓷小盏

天青釉色之上又增几道灿烂光彩，宛如阳光穿过雨后天空，反令此物别具神采。汝窑为宋代五大名窑之首，目前全世界仅存90余件汝瓷传世品，数量稀少。而这件传世汝瓷盏则是首次公布于众，极为珍贵。处于展览核心的汝瓷，暗示着宋代青瓷之美的渊源与宋人的清雅品位。

青瓷是中国瓷器的肇始——中国最早的瓷器便是商周时代的原始青瓷。原始青瓷仿铜礼器的造型表明，它们一经出现便地位显赫。"南青北白"的名声渗透于教科书中，有时会让人误把唐代当作青瓷登峰造极的时代。实际上历经千年发展至唐代，青瓷虽早已在南方地区广泛生产，再无当初"青涩"的模样，但距离至善仍有一步之遥。

不可否认，晚唐五代时期，越窑青瓷曾烜赫一时。印度洋沿海地区的广泛出土，显示了当年越窑青瓷畅销海内外的风采，而法门寺地宫、吴越钱氏墓葬出土的秘色越器，则昭示了皇家对其品质的认可。陆羽所言"如冰似玉"的越器，所指正是秘色瓷。在中国传统文化中，君子比德以玉。秘色瓷在视觉、触觉上所达到的温润质感，配以特殊的文化象喻，令它为世所珍。然而囿于生产能力，秘色瓷终究是万中无一的稀罕物件。不过，它的出现却为宋代青瓷的生产树立了标杆与典范。

越窑入宋生产渐颓，不过越瓷引领的青瓷之美则于南北各有传承。南方龙泉窑初绽头角，于北宋时虽尚未能在越器基础之上自成风格，但其中一些淡青釉器，已颇具神采（图2）。北方黄堡镇耀州窑一系对越窑的仿效更引人瞩目。五代时期陕西黄堡窑窑工或为秘色之风所折服，釉色直追秘色越器，而在满釉工艺方面又有所推进，底部所露支垫痕迹，较秘色越器更小，为汝瓷"芝麻钉"支烧痕之先声〔图3〕。至入北宋，耀州窑别开生面，不仅釉色为之一变，宛如莹澈碧泉，更采用刻划花工艺装饰器身，并表现出极高的水准〔图4〕。南方青瓷原以釉色取胜，少有刻划印装饰，装饰渐多，则生产渐衰，似是宿命。北方青瓷由刻划花而获得了自己的风格，并对周边地区产生了持续的影响力。北宋两京之间的众多地区，基于对耀州窑的模仿，在北宋中晚期也开始了青瓷创新。如河南临汝窑，所产耀州窑风格器物几乎可以乱真。而汝窑、钧窑正是在这一青瓷生产潮流中涌现出的两朵奇葩。

图3 五代黄堡窑瓷器

图2 北宋龙泉窑淡青釉瓷壶

图4 北宋耀州窑刻花矮梅瓶

通过考古工作，今天我们已经知道用于贡御的汝瓷核心烧造区位于现在的河南省宝丰县清凉寺村。实际上，如上所述，烧造类似产品的窑址并非仅有宝丰清凉寺一处。河南地区青瓷生产的大环境孕育了汝窑，而皇室"命汝州造青窑器"，也使得汝瓷成了周边窑场后来争相模仿的对象，进一步促进了河南地区青瓷的发展与嬗变。展览中汝州东沟窑的一件金代青瓷洗（图5），正是这一背景之下的产物。展览中的这件瓷器使用了裹足支烧的工艺来保证瓷器满釉，表明其工艺传承正来自汝窑。其釉色青绿透亮，与典型的天青汝瓷略有不同，但实际上，若熟悉河南窑场产品则可知，就算是在清凉寺窑址亦可见此类产品。青瓷生产中，窑炉烧成气氛稍有不同，便可造成青绿色的千变万化。而钧窑生产，或许正是在模仿汝窑的过程中，在窑炉控制与原料选择的偶然性中所获得的"意外惊喜"。

展览中所见的金代钧釉紫斑碗正是钧窑所见的典型器物（图6）。钧窑创烧之时，本无太多自身风格，学界甚至将早期禹州等地所烧造的青瓷称为"汝钧"。此称谓或正透露出当年禹州瓷窑从业者对邻近汝州窑场精品瓷器的艳羡和仿效。在历次钧窑考古工作中，青绿釉瓷器都有相当分量，由此也可证明汝窑、钧窑的亲缘关系。或许是由于原料差异，或许是在细微的工艺诀窍上略有不同，钧窑众多窑场竟又发展出一种偏蓝色的钧釉，而铜料的偶然加入，又让钧瓷获得了雨后云霞红彩般的斑斓，从而宣告了宋金时期另一种名窑的诞生。

图 5　汝州东沟窑单柄洗　　　　　　　　图 6　钧窑小盏

成熟汝瓷出现未久，金兵铁骑南下，徽宗皇帝的文艺绮梦就此破碎。深山中的窑场也不免受到连年战乱、国破家亡的影响。宋瓷技术的传承在时代变局面前支离破碎，却也不值一提。然则汝瓷登峰造极之美，既让南下流亡朝廷流连难舍，也让北来的女真新贵眼热。于是战事一歇，汝瓷残脉在南北便各有传承，北方有钧窑、张公巷窑等一干青瓷窑场，继续以汝瓷烧制的标准探索新瓷；流落南方的汝瓷窑工，则在南宋官窑的创烧和龙泉窑的发展嬗变中发挥了重大作用。

南宋朝廷仓皇南逃，未携礼器，于是每年国家各种礼仪大典，不免显得寒酸落魄。国之大事，在祀与戎。因此国力稍复，便想恢复当初礼仪排场，怎奈铜料难得，于是便以瓷器、木器为替代，由此催生了南宋官窑。正因如此，南宋官窑器物多有仿铜器造型，这点与汝窑器物颇不相同。杭州、宁波一带，自古以来是制瓷重镇，南宋初年虽已近于没落，但越窑原有的制瓷传统尚存。南宋官窑本拟模仿汝瓷釉色，并采用汝窑工艺制瓷，如官窑早期不少器物皆可见模拟"芝麻钉"的较大支烧痕迹。然而北方工艺与南方原料终究有不适应之处，因此，官窑后期工艺又根据原料略做调整，譬如由点状支烧，改为了垫烧、支垫烧。至于青瓷最为看重的釉，则因南方胎料颜色较汝瓷"香灰胎"为深，而集中发展厚釉工艺，以掩盖胎色。官窑这一番对南北技术的融合与消化，最终推动浙江龙泉窑走上了中国青瓷的巅峰。

展览中共计3件龙泉窑粉青器物﹝图7﹞，或满釉无纹，或厚釉冰裂，尽显"冰清玉洁""炉火纯青"之美。南宋龙泉窑在南宋官窑影响之下，又多有创造，青釉之色丰厚多样，完美地将晚唐五代秘色以来确立的青瓷审美发展到了极致。更为难能可贵的是，龙泉瓷器自南宋起品质稳定、产量渐增，精品青瓷不再仅仅流传于帝王之家，而是获得了跨越阶层的流传，至元代更流向海上、陆上丝路沿途地区，直至路的尽头。从这个意义上讲，宋代青瓷生产从南到北又从北到南，这一番周游轮回，让青瓷洗尽铅华，在社会空间和地理空间上都走向了更广阔的天地，令更多的人触摸并分享到这份来自华夏的独到美学与创造。

图7　南宋龙泉窑凤耳花瓶　　　　图8　北宋定窑银釦刻花莲纹洗

取材于一抔黄土，升华为天空之色，取法自然，象形天地，这大约便是宋人留给我们的青瓷之美。

二、白与黑

与"世家大族"青瓷相比，白瓷〔图8〕是宋代急速跃升的"新贵"。虽然在唐代位列"北白"之席，然而在陆羽笔下，终究是等而次之的存在。不过士大夫的品评终究是一面之词，也终究不过是时代的断面。至宋代，与青瓷相比，白瓷以不同的美感，获得了多种维度的认可。

宋代白瓷自然以定窑白瓷为最重要的代表。定瓷"有芒不堪用"，"芒"一般认为指定瓷的"芒口"，也就是口部无釉。瓷器口部是与人口唇接触的重要部位，口部无釉当然会影响人们娇嫩唇舌的触觉感受。这似是定瓷的重大缺陷。那么问题来了，青瓷的生产者们都在绞尽脑汁地满釉烧造，定窑窑工何以能容忍如此显而易见的缺陷？

实际上，"芒口"的出现来自定窑生产的重大技术革新——覆烧。原本烧制瓷器时，如果通体施釉，釉在窑中烧制冷却后，便会与下方接触的物体粘连。正因如此，直到今天，瓷器上一定有一些地方是露胎无釉的。即便如汝瓷这般近乎满釉的瓷器，也会有"芝麻钉"大小的露胎之处，这些痕迹就是在用支钉支撑瓷器烧造时留下的。汝瓷追求满釉的一个后果就是占用更多原料和窑炉空间。定瓷的覆烧则更着眼于烧造效率，将瓷器倒扣于支圈之上，瓷器之间互不接触，同一个匣钵之中可以烧造数十件瓷器，这样一来，瓷器露胎之处并不明显，且能够充分利用窑炉空间。正因如此，有宋一代，定窑产量极大，流行于北宋贵族平民之间，还极受崇尚白色的辽人欢迎。

定窑瓷土资源极佳，瓷器洁白薄俏，在平民市场中，芒口瑕不掩瑜。而为了适应高端市场，定窑窑工想出了金属镶边的解决办法。展览中的几件定瓷碗盘，皆为银釦器，即口部包银（图9）。这种方法借鉴于漆器。对于定瓷来说，口部包金、包银、包铜，既掩盖了芒口的缺陷，又增加了瓷器的色彩对比，还能以贵金属衬托瓷器本身的价值，何乐而不为？实际上，覆烧配以金银釦，便是定窑白瓷的满釉方法。与汝窑、官窑等密切联系官府的窑场不同，定瓷虽也长期用于贡御，但本质上仍属民窑，因此更注重控制生产成本和提高生产效率。在市场思维主导的经营理念下，定窑

图9 金代定窑银釦印花花鸟纹盘

追求完美的方法自然与汝窑、官窑等大相径庭。

另一方面,定瓷的刻花印花装饰,堪称一绝。如前所述,青瓷之美以釉色取胜,如玉如天,似再难超越。定窑瓷器在历代白瓷中虽已堪称极致,但时人于色彩的品评差别,毕竟难以强求。或许定窑窑工不肯认命,另辟蹊径,轻刻浅划,让定瓷在若隐若现之间透露出另一层幻境,朦胧含蓄,轻薄简淡,清雅气质竟又与青瓷殊途同归,而宋瓷之美由此又获得了新的维度与面向。

白与黑是色彩的两极。北方定窑白瓷征服人心无数,南方也有黑瓷名品与之遥相呼应。日本特别推崇黑釉瓷器,展览中的一件油滴建盏被奉为国宝。原本黑瓷不过是众多白瓷窑址的生产之余的"添头",福建建阳地区的窑址却于黑瓷制造之中,寻出不同的风景,更得到徽宗皇帝的推崇,遂成点茶必备佳品。宋代点茶类似于今日日本抹茶调法,需以沸水冲点茶叶末,再以茶筅搅拌气泡,茶盏与茶汤、茶沫色彩辉映的效果,便是点茶斗茶的讲究之处。白沫绿汤黑盏,再配以油滴点点,宛若星空浮云,碧水相映。情境虽由人造,却状若自然天成,天人合一之美,当然配得上皇帝的文艺情怀。自然趣味的取向何止见于建盏?展中的吉州窑黑釉木叶纹盏(图10),更用自然树叶制备瓷器,饮茶之时,宛如有黄叶飘落盏中,秋风萧索忧郁之气由此扑面而来。

图10 南宋吉州窑黑釉木叶纹盏

宋瓷之美，美在何处？雨后天青，星点漫天，花鸟落叶，亦真亦幻。宋人是如此迷恋自然的色彩，纵然生活于市井喧嚣之中，仍不免在宫廷楼阁或陋室孤舟之中，怀想天地。而造化之美，或唯有以人心为熔炉，将天地之色而化为工巧，方能化腐朽为神奇。瓷器或许正是一个孔道，让我们看清那个时代的人心与色彩。

相关图录

大阪市立东洋陶瓷美术馆：《宋磁の美》，大阪市立东洋陶瓷美术馆，2016年。

谜之哥窑

展览名称： 哥窑瓷器展
展览地点： 北京　故宫博物院
展览时间： 2017年11月12日至2018年8月31日
展品数量： 170件（套）

"哥窑瓷器展"是故宫博物院宋代五大名窑系列展中的收官之作。之所以将哥窑瓷器放在最后一个，或许是因为它太过神秘，实难阐发。对哥窑的记载、探究由来已久，然而其来龙去脉影影绰绰，难见首尾。几十年前，陶瓷大家冯先铭先生曾称哥窑问题是中国陶瓷史上的一大悬案。时至今日，哥窑面纱依旧，考古工作中的众多发现，却似乎已经逐渐勾勒出哥窑的背影。

一、身份之谜

据说宋代处州龙泉，有章生一、章生二兄弟。两人各开窑场，产品有所不同。世人遂将哥哥所开窑场称为哥窑，弟弟所开窑场称为弟窑。此说法从明代开始流行于文献。明人记宋事，可信程度如何，尚待考察，但哥窑之名却由此流传至今。

哥窑的由来云山雾罩，那什么样的瓷器算是哥窑瓷器？这个问题似乎颇为简单，用故宫海报展板便能作答。走进故宫延禧宫展厅，"哥窑瓷器展"赫然印在一块似乎是四分五裂的展板上。细看展板裂痕，深浅不一，似又有讲究。这展板正暗示了哥窑瓷器最为显著的特征——开片。

开片是瓷器釉面自然开裂的现象。纵观瓷器史，从原始瓷到汝瓷、官瓷，开片并不鲜见。但以开片为美的瓷器中，却以哥窑瓷器首屈一指。哥窑瓷器釉面开裂后，较深的胎色微微显露，与浅色釉面形成较为强烈的对比，令人印象深刻。按照一般的理解，若开裂较深，则裂痕黑如铁线，若开裂较浅，则胎釉色泽中和，隐隐然若金丝，遂有"金丝铁线"之名（图1）。因其底部圈足露胎，口部厚釉微坠，胎色略显，又有"紫口铁足"之称。

既然特征明显确凿，何以身份成谜？实际上，开片易得，哥窑难断。从目前材料来看，文献描述、传世器物与出土器物呈现的特征颇有差别，令人莫衷一是。

图1　哥窑瓷器上的"金丝铁线"
　　　故宫博物院藏

自元代开始，文献中便可见到关于哥窑的记载。如元代孔齐《至正直记》、明曹昭《格古要论》均记录有"哥哥洞窑""旧哥窑"等，《格古要论》称哥窑瓷器的特征是"色青，浓淡不一，亦有紫口铁足"。此后明代陆深《春风堂随笔》称"生一所陶者色淡，故名哥窑"，高濂《遵生八笺》则称"官窑品格大率与哥窑相同，色取粉青为上，淡白次之，油灰色下也。纹取冰裂、鳝血为上，梅花片墨纹次之，细碎纹，纹之下也""哥窑质之隐纹如鱼子，但汁料不如官料佳耳"。综合各书描述来看，哥窑瓷器胎体基本特征应为"紫口铁足"，而釉色则以粉青为上，浓淡不一，并带有开片特征。

然而若细观展览中故宫博物院所藏哥窑瓷器，或可发现，器物釉色以米黄者居多（图2），几乎未见粉青，外观特征令人生疑。由于文献中哥窑出自龙泉窑一脉，因此有学者将龙泉地区的一种黑胎青瓷视为哥窑瓷器，并对博物馆中所藏传世哥窑瓷器和出土龙泉黑胎青瓷进行了科技分析。科技分析结果显示，这些传世哥窑与龙泉黑胎青瓷成分差别较大，因此他们认为传世哥窑似并非真正产自龙泉哥窑的产品，倒更有可能是其他地区仿哥窑的产品。

图2 米黄釉葵口折沿盘三件
故宫博物院藏

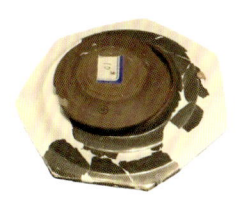

图3　黑胎青瓷
浙江省龙泉市小梅镇瓦窑路窑址出土

然而龙泉地区出土的黑胎青瓷（图3）就是文献中提及的哥窑吗？众多陶瓷研究大家对此也曾颇有疑虑。冯先铭先生曾指出，就龙泉黑胎青瓷的器形特征来说，其造型有不少与杭州乌龟山官窑标本相同。而中国陶瓷科技研究的开拓者周仁先生及其团队对黑胎青瓷检测后认为，龙泉黑胎青瓷与一般龙泉窑瓷器差别较大，更有可能是仿官窑的产物。一时之间，所谓"出土哥窑"器物似乎也难与文献对应。

由此，哥窑身份成谜：文献中的哥窑到底是指哪种实物？传世哥窑瓷器又来自哪里？龙泉出土的黑胎青瓷到底是不是哥窑？"文献哥窑""传世哥窑""出土哥窑"到底如何对应？它们之间又是何关系？三种概念纠结缠绕，令人困惑不已。

二、窑口之谜

哥窑瓷器，所指未定，其产地自然也难说清。若分别考虑哥窑的三种概念，则可知难点在于传世哥窑。文献中哥窑产地明确，就在处州龙泉，无须论证。而所谓窑址中"出土哥窑"原本便是指龙泉窑址出土的那些黑胎青瓷,自然不必多言。而传世哥窑究竟是产自何方,一度众说纷纭。

在发现传世哥窑的真正窑址之前,学者们想到的办法,便是对传世哥瓷和各地与哥窑具有亲缘关系窑场的产品进行科技检测,对比分析。无论哥窑瓷器烧成后真正釉色如何,从胎质、釉质、器形以及哥窑器物所呈现的装烧工艺来看,哥窑产品与官窑、龙泉窑等窑场产品具有密切关联,这一点确凿无疑。因此,周仁、陈显求、张福康等陶瓷科技专家先后将传世哥窑器物与官窑、龙泉窑、景德镇仿哥窑器物进行检测对比。受限于各自的历史条件和标本条件,各专家对传世哥窑产品产地的结论并不一致,如周仁先生在检测后认为传世哥窑很可能是宋之后景德镇烧造的;而张福康先生则认为传世哥窑很有可能是北宋官窑产品。尽管如此,各位专家在一点上倒是颇为一致:传世哥窑的产地似乎不在文献反复提及的处州龙泉。

2001年,杭州考古工作者对杭州老虎洞窑址进行了调查与发掘。这一窑址的地层堆积主要可分为南宋和元两个时代。南宋层发现了铭刻有"修内司"的器物,结合文献和出土器物特征,目前基本被确定为南宋文献中记载的"修内司官窑"。而元代地层出土的器物,则与传世哥窑瓷器的器形、胎釉特征接近(图4)。在老虎洞窑址元代地层之中,出土有众多带有元代八思巴文的窑具,其中一件的含义可能是"张"或者"章"字,这又让人想到了哥窑与章氏兄弟的传说。故宫博物院的王光尧先生就据此认为:章生一很可能是在元代为官匠于杭州烧瓷,所以老虎洞窑场就有了哥窑的名称。科技方面的证据也将传世哥窑的产地指向老虎洞窑址。李家治先生在进行科技检测对比后认为,传世哥窑瓷器和元大都出土的哥窑瓷器标本,其成分构成与老虎洞窑址所出瓷片接近,它们很有可能是元代老虎洞窑址的产品。

不过,老虎洞窑址虽揭开了传世哥窑瓷器产地之谜的一角,但却并未解决全部的问题。一方面,从已经公布的资料来看,老虎洞窑址出土的瓷器器形,并不能完全涵盖传世哥窑瓷器的器形,这意味着,传世哥

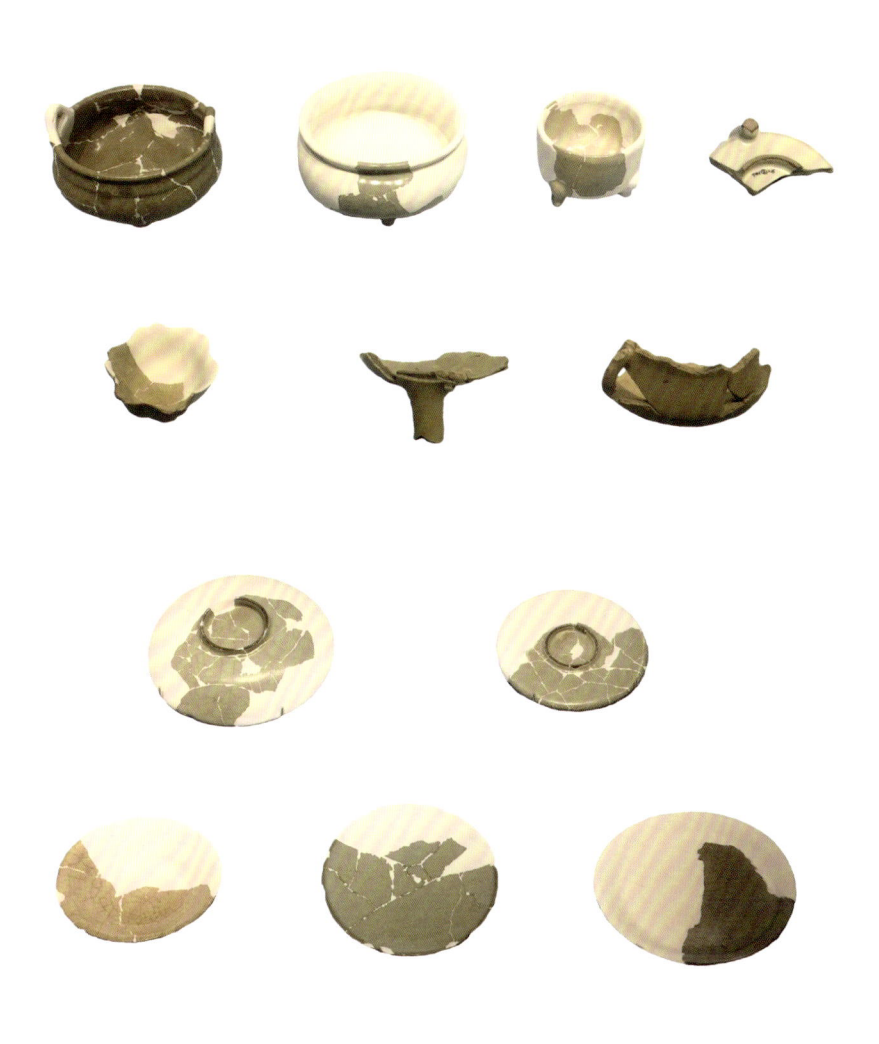

图4 瓷片
杭州老虎洞窑址元代地层出土

窑瓷器中的一些器形或许还有其他的产地。另一方面,老虎洞窑址只有元代层可与传世哥窑对应,可哥窑不是宋代五大名窑之一吗?这又该怎么解释呢?

三、年代之谜

说好的宋代五大名窑,可目前较为确凿的产地却是元代的,这自然令执念宋瓷之人大为沮丧。不仅如此,各地纪年墓葬出土的哥窑瓷器似也集中于元明时期。如上海青浦任氏墓群、南京汪兴祖墓、元大都遗址、江苏溧水窖藏、安徽安庆窖藏、浙江湖州长兴墓葬等遗址均出土有与传世哥窑瓷器近似的器物(图5),但这些遗址的年代均为元明时期。此外,关于哥窑的文献记载也起始于元代。诸多证据让学者们对传世哥窑器物的年代提出了质疑,认为这些器物更有可能是元明时期的产物。老虎洞窑址只有元代哥窑,那么,文献中提到的那个存在于宋代的哥窑是否存在呢?假如存在,它到底又会在何方呢?

文献提出的问题,还是应当回到文献寻找答案。明人记宋事,虽然不如宋人记宋事可信,但总胜过今人凭空遥想宋代。曹昭《格古要论》中道:"旧哥窑,色青,浓淡不一,亦有紫口铁足,色好者类董窑,今亦少有。

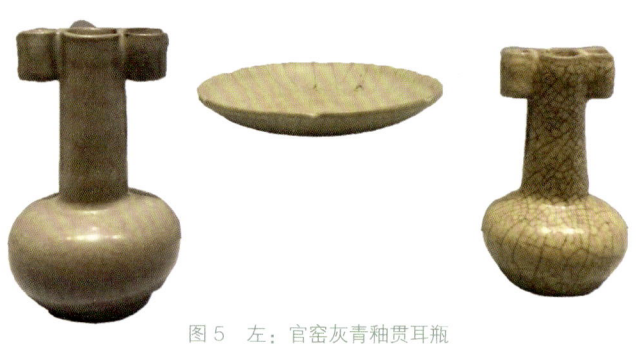

图5 左:官窑灰青釉贯耳瓶
　　　元任仁发家族墓出土
　　中:哥窑灰青釉葵口盘
　　　汪兴祖墓出土
　　右:哥窑灰青釉贯耳瓶
　　　故宫博物院藏

成群队者,元末新烧者,土脉粗燥,色亦不好。"《格古要论》成书于明代洪武年间,这一记载表明,当时应当先后存在新、旧两个哥窑,"新哥窑"是元末新烧的,质量不如旧哥窑。按照这一记载,结合目前的考古发现,元末的新哥窑,应可对应元代的老虎洞窑址。那么在此之前,还应该存在一个比老虎洞窑址更早的旧哥窑。根据文献的描绘,这个哥窑产品的特点应包括几个要点:色青、浓淡不一、粉青为上、绝类官窑。同时假如文献所载无误,这些产品应产于宋代。

如果忠实地按照文献的这些描述去寻找哥窑瓷器,那么嫌疑最大的,依然是龙泉黑胎青瓷。虽然冯先铭、周仁等学者认为龙泉黑胎青瓷更有可能是仿官窑的产品,但这并不能否认龙泉黑胎青瓷就是哥窑瓷器。事实上,从元人孔齐《至正直记》开始,古人就不断强调"哥哥窑绝类古官窑""哥窑……釉色仿佛官窑",因此,与官窑瓷器相类这一特点,反而更可以证明龙泉黑胎青瓷的身份。

然而,若细观龙泉黑胎青瓷(图6),却难见哥窑瓷器的典型特征——"金丝铁线"。实际上,遍览明清文献,古人描述哥窑开片,所用词句无非是"冰裂""鱼子""浅白断纹""鳝血"等等,且一般描述哥窑的开片纹

图6 黑胎青瓷
浙江省龙泉市小梅镇
瓦窑路窑址出土

理以白色为主。最早使用"金丝铁线"描述哥窑的是《南窑笔记》,之后民国时期,这一说法才流传开来。从实物资料来看,龙泉黑胎青瓷的开片与明清文献描述符合,而"金丝铁线"更像是针对部分传世哥窑的描述。综合文献与实物,所谓"金丝铁线",或并非宋代哥窑的原有特征。

假如黑胎青瓷确属哥窑产品,则哥窑窑口、时代之谜或可迎刃而解。龙泉地区自20世纪50年代末以来,曾进行过多次考古调查与发掘,在龙泉较为核心制瓷生产区域大窑、溪口、小梅镇等地区均发现了黑胎青瓷。尤其值得一提的是2011年发现的龙泉小梅镇瓦窑路窑址。此处窑址是迄今为止发现的唯一一个纯烧龙泉黑胎青瓷的产地,年代为南宋早期。考虑到哥窑故事中,章生一、章生二分窑烧造,产品不同,则产品较为纯粹。时代较早的小梅镇瓦窑路窑址与章氏兄弟的烧造情况也较为符合。或许,踏破铁鞋,蓦然回首,那个让人众里寻他千百度的宋代哥窑就在龙泉小梅镇?

从元明至今,对哥窑瓷器的认识,经历了由清晰到模糊,进而再次渐渐澄清的过程。哥窑瓷器之所以让后人寻寻觅觅,渐堕雾中,只因为它一经问世,便备受追捧,历代仿烧不断。早在元代便有山寨产品问世,"土脉粗燥"之品,至后世口耳相传竟被推崇而成"传世哥窑",自成风格,以假代真,亦足称传奇。至于明清景德镇御窑,更有仿烧精品问世〔图7〕,

图7 乾隆款仿哥釉鼓式罐 故宫博物院藏

虽时代气质有别，但足见哥窑余韵绵长、影响深远。徜徉于延禧宫展厅之中，大可尽览出土、传世及后世各类仿烧哥窑制品，而其背后学术史之演进和重重谜团，亦如釉面开片裂纹之走向，岔路纷纷，却引人入胜。

延展阅读

沈岳明、郑建明：《哥窑的新发现》，文物出版社，2018年。

龙泉天下

展览名称：天下龙泉——龙泉青瓷与全球化
展览地点：北京　故宫博物院
展览时间：2019年7月16日至2019年10月20日
展品数量：830余件（套）

"天下龙泉"这个题目很容易让人想到屠龙刀和倚天剑的武林传说，放到陶瓷界改编一下应该是：陶瓷至尊，景德青花，器走天下，莫不相仿。龙泉不出，谁与争锋？青花瓷一度称霸世界，无人不晓，不过在其之前，尚有归隐林泉的前辈龙泉青瓷。"天下青花""笔锋浓转淡"的故事，海内外争相传颂，无须赘论；"天下龙泉"的传说低调已久，却可听此次尽揽龙泉青瓷精品的故宫博物院娓娓道来。

一、青瓷巅峰——龙泉青瓷的"三高"时代

青瓷为中国瓷器生产之始。从夏商之际的原始青瓷开始，其独霸中国陶瓷界长达3000年。其

间，虽从北朝末期开始有白瓷崛起，但其直至15世纪前后尚未能撼动青瓷的地位。一般陶瓷史中对唐代"南青北白"格局的表述，源于陆羽在《茶经》之中对越窑瓷器和邢窑瓷器的品评。且不说在陆羽的评判体系里，类银似雪的白瓷比如冰似玉的青瓷尚有不及，单是他挑拣出的六大窑场，五个都是烧青瓷的窑场，这数量便足以说明当时青、白两类瓷器的规模和影响。至于宋元，虽然瓷业已经百花齐放，但五大顶级名窑中有四个是青瓷窑场，这足以反映青瓷的领军地位。3000年来强势地位的取得，在于青瓷生产的不断进步，而长期的历史积淀自然令人期待更好的产品。攀登青瓷生产顶峰、完成青瓷最后辉煌的使命，最终落在了龙泉青瓷身上。

龙泉青瓷的生产始于北宋。不过北宋时的龙泉窑不过是跟在青瓷"大爷"越窑背后蹒跚学步的孩童。称呼北宋越窑为"大爷"是因为，青瓷生产里以它成名最早、名声最盛、一度质量最高，可到了北宋，虽然余威尚在，但从现在的考古成果来看，多少还是露出了衰相。即便如此，其地区性影响尚存，浙江地区还是有一众窑场以模仿越窑为己任。龙泉窑便是其中之一，那时的龙泉窑青瓷喜好的是"淡妆"——透亮的釉色看起来是为了"水灵"，瓷胎上面装点的小心思还是要展现得清清楚楚〔图1〕。

图1　北宋龙泉窑盘口瓶、花瓶、盖罐

两宋之际政局大变，也带动了河南、浙江两地瓷业格局的变化。在这变化之中，龙泉窑青瓷走上了自己的第一个高峰——生产品质的最高峰。这一高峰的出现与变局之中各方瓷业技术的碰撞关系密切。宋高宗赵构仓皇出逃之时，并未携带太庙之中的笨重礼器。可"国之大事，在祀与戎"，就算是逃到了南方，国家每年该有的礼仪活动仍要进行。仓促成立的小朝廷无力征集制礼器必备的铜料，便只好在礼书中找到替代的办法——以"陶木器"代之。于是，制备陶瓷礼器变成了迫在眉睫的大事。让谁来制造陶瓷礼器呢？北有汝州逃难之工，南有越州破落之窑。北宋贡窑、汝窑的工匠与浙江本地原有的制瓷传统一经结合，便孕育出新的南宋官窑来。南宋官窑一时成为众多窑场追仿的对象。技术传统的碰撞与结合产生了官方计划之内的仿古陶瓷礼器，也成就了意料之外的青瓷高峰。

　　在变动与融合的背景之下，龙泉窑开始了青瓷生产质量的腾飞。在生产技术和器形层面，均有迹象表明它与南宋官窑的交流，但其生产出的产品却有独特风格，卓尔不群。南宋时代的龙泉窑青瓷素以薄胎厚釉者最为突出，釉质略带乳浊，其釉色，或称梅子青，或称粉青，或称豆青，各具质感。前人有诗咏秘色瓷曰，"功剜明月染春水，轻旋薄冰盛绿云"，实至于南宋龙泉青瓷〔图2〕，方见极致真切。与后来元明者相比，其整体器形偏小，却更见雅致。在以单纯釉色为主导的宋代审美之下，龙泉青瓷碧水般的釉质感独树一帜。正因其釉色之美不可方物，因此南宋宫廷虽以官窑器物奉天地祖先，却以龙泉窑青瓷侍奉自己在宫廷中的日常生活。目前所见的南宋宫廷遗址中，以龙泉窑青瓷出土数量最多〔图3〕，足见皇室对龙泉青瓷的肯定。而从多年来考古所见的历代龙泉青瓷产品情况来看，学界一般公认，南宋时期的龙泉青瓷堪称其生产质量水平的最高峰。有鉴于龙泉青瓷在整个青瓷史中的地位，称南宋龙泉青瓷为中国青瓷生产质量的最高峰，亦不无道理——如冰似玉的极致产品实现大量生产，不负当初越窑秘色瓷所树立的标杆和汝窑、官窑的铺垫。

　　巅峰时代的产品，自然引来市场追捧，市场的需求自然能带动生产。只不过这一系列连锁效应的发生需要时间。正因如此，在南宋的质量高峰

图2　南宋龙泉青瓷斗笠碗

图3　龙泉窑青瓷残件 临安城出土

图4　元龙泉青釉葫芦瓶

之后，在元代，龙泉窑青瓷迎来了自己的第二个高峰——生产规模的最高峰。平心而论，至元代中期，龙泉窑青瓷的品质略显下滑，相比于亦真亦幻、冰玉莫辨的南宋龙泉青瓷，元代的龙泉青瓷虽然不乏佳作，但多数稍显呆板（图4）。这一情况的出现，与龙泉窑青瓷迎合愈加扩大的市场有关系。其重要市场——中东地区对大型器物的需求，刺激了元代龙泉窑对大型瓷器的生产。生产体量较大的瓷器原本技术难度便高于普通产品，而体量的变化本身对原有瓷器效果亦有削弱。或许是由于对产品、市场的适应和对利润的追逐，此时龙泉窑青瓷的胎釉相较于南宋时期发生了一些变化，釉层薄厚不一，略显繁杂。此时的龙泉，窑场激增，遍野山林，窑火相应，为一时之盛。

图5 明龙泉窑刻花折沿盘

当民间影响发展到一定程度，便有可能会上达天听。龙泉窑虽早在宋代便进入宫廷，但其明确被定为官窑为皇室供奉瓷器，却是在明代。正因其与宫廷前所未有的密切关联，学界一般认为，龙泉窑在明代初年登上自己的第三座高峰——生产地位的最高峰。文献中明确记录，从洪武年间开始，龙泉窑便承担为宫廷烧造瓷器的任务。相较于元代，明代龙泉窑风格又有了变化，釉色相较之前略觉暗淡，器形整体更显敦厚（图5）。至于这样的瓷器质量的高低，只有使用者自己才有感觉吧。站在后人的角度，从龙泉窑的历史来看，老朱家虽然把龙泉窑抬上了高位，但看起来确实不如老赵家的运气好。

从宋至明，龙泉窑自身"三高"的更迭，体现的是它时间轴线上的诸多变化。龙泉窑展，取名敢与"天下"并列，当然不止因为其在纵向线索中的高峰迭起，亦因其横向空间中的空前影响。

二、天下归心——它的征途是星辰大海

在国际上，龙泉青瓷的名气似乎不如青花瓷响亮，这主要是因为，龙泉青瓷纵横天下的年代，如今执世界史牛耳的欧洲人在世界舞台上还只是个穷酸的配角。中东有穆斯林坐地起价，南非好望角的风暴实在是有点猛烈，抓耳挠腮却连瓷片的边儿都摸不着。因此，长久以来，他们对龙泉

青瓷的认识远不及后起之秀青花瓷深刻。而从目前的考古发现来看,在达·伽马绕过好望角之前,龙泉青瓷在亚非海域的陶瓷贸易中堪称独步天下、首屈一指。

中国陶瓷的外销在9—10世纪(即晚唐五代时期)曾达到高潮,当时的贸易范围已经遍及西太平洋及印度洋沿岸。那时,浙江的越窑青瓷虽一度在湖南长沙窑瓷、广东青瓷、北方白瓷的竞争中略占优势,但从总体来看,大体还是平分秋色的格局。此后,中国瓷器的外销一度略显沉寂,直至12世纪后半叶才又有起色。当时偏安一隅的南宋迫于经济压力,鼓励海外贸易。龙泉青瓷利用其品质及窑址区位优势,一跃而起,让曾经的陶瓷贸易市场焕发了新的活力。至于元代,伴随着元帝国的政治、军事、商业扩张,龙泉窑影响空前。从考古发现来看,其不仅几乎出土于全国各个省份,更是在海外贸易中称霸一时。龙泉系青瓷不仅重新覆盖了从朝鲜半岛、日本,到东南亚、中东、东非的市场,其在中国瓷器市场中的份额也独占鳌头,堪称前无古人。如此广大的市场,内部亦有细分。龙泉青瓷如此优雅,自然并非人人皆能消费。远端市场如东非、中东等地和消费能力更强的市场中流行浙江龙泉青瓷正品,如伊朗国立博物馆便藏有当年输入的龙泉青瓷多件〔图6〕;近端市场如东南亚、东亚等地和消费能力更弱

图6 龙泉窑青釉刻"沙阿·阿巴斯"铭凤尾尊

的市场则流行购买各地仿烧的山寨龙泉青瓷。龙泉窑青瓷的仿烧，是耐人寻味的信号。它意味着，龙泉窑的商品，不仅仅征服了沿岸市场的餐桌，浸染了消费者的生活，更意味着代表中国传统君子玉色的龙泉青瓷走进了异文化群体的心。

近水楼台先得月，龙泉窑的仿烧，从国内的福建青瓷窑场开始。如果将福建青瓷与正品龙泉放在一起，"真伪"一目了然。但从福建青瓷的广泛分布来看，其影响力却丝毫不输。特别是在东南亚等地，福建青瓷极其流行，市场份额甚至超过正品——这想必让当年的龙泉青瓷的经销商懊恼。不过，看到市场商机的何止福建窑工？东南亚、东亚诸多窑场对龙泉青瓷均有不同程度的模仿和借鉴。不过太平洋沿岸各地，传统上是中国瓷业的辐射地区，仿制中国陶瓷似早有传统。真正令人惊讶的是波斯-伊斯兰陶瓷系统对龙泉青瓷的仿效。波斯-伊斯兰陶瓷系统是与东亚陶瓷并行发展的陶瓷体系，其本有自身的发展传统，产品往往"花枝招展"，其特色与东亚者迥异。但龙泉一出，伊斯兰釉陶也不禁被"带跑了调"，硬生生开始亦步亦趋龙泉青瓷"一颦一笑"中的含蓄之美，非要赶上这股青瓷大潮不可。从伊斯兰釉陶的仿制品〔图7〕来看，中东巧匠确实是下了一番功夫，颜色形态颇多接近之处，只是釉上光泽难以追及。不过这"费尽心机"的努力，却让我们看到了龙泉青瓷曾受到过的衷心青睐。

图7 伊朗仿龙泉青绿釉刻划花草纹
　　　菱花口折沿盘

倚天剑、屠龙刀的传言，说的不只是表面的锋利，更是其中隐藏的秘籍兵法。龙泉青瓷与青花瓷的故事，说的也不只是小小瓷片的漂流，背后更有人群在商品、技术、审美层面的交流与交换，更有政治、军事、经济势力的合作与角力。西方人到来之前，龙泉青瓷在印度洋与西太平洋上的汪洋恣肆，不仅讲述着被中国史忽视的商业骄傲与海洋开拓，也暗示着如今我们观看世界史的另一种视角。

相关图录

　　故宫博物院等：《天下龙泉：龙泉青瓷与全球化》，故宫出版社，2019年。

延展阅读

　　秦大树、刘净贤：《梅青水碧，美艳青瓷：龙泉窑的历史与成就》，引自首都博物馆编《温温玉色照瓷瓯：龙泉窑青瓷艺术》，北京燕山出版社，2012年，第1—29页。

孪生与镜像

展览名称：明代御窑瓷器——景德镇御窑遗址出土与故宫博物院藏传世成化瓷器对比展、明清御窑瓷器——故宫博物院与景德镇陶瓷考古新成果展

展览地点：北京　故宫博物院

展览时间：2016年10月25（26）日至2017年2月26日

展品数量：183件套（成化展）、165件套（新成果展）

《万历野获编》记："至于窑器，最贵成化，次则宣德。杯盏之属，初不过数金，余儿时尚不知珍重。顷来京师，则成窑酒杯每对至博银百金，予为吐舌不能下。"成化瓷器生产百年之后，在收藏界受到了广泛的认可，在明代当朝即身价倍增，颇为不凡。其影响延续至今。今时今日，拍卖市场若偶见成窑遗珍，落槌之时，必有回响。不过，古物的价钱，某种意义上只是一种评估市场和拥趸喜好的量化标准。而对其真正内涵与价值的吸收与汲取，却在于欣赏、把玩与研究的情趣之间。

故宫博物院与景德镇2016年10月联合推出的明清御窑陶瓷系列双展，便给了我们这样一个机会。馆藏文物与出土文物争奇斗艳，让成化御瓷珍品的五彩斑斓再度耀眼；生产地与消费地出土御窑精品交相辉映，带我们一览御窑瓷器的前世今生。

一、500 年前小清新——明代成化御窑瓷器对比展

步入故宫延禧宫展厅，灯光闪耀之下，缤纷色彩扑面而来。据专家统计，成化朝御窑瓷器所产种类至少有 29 种，种种瓷器各具色彩，汇聚一堂，只让人觉得成化"御瓷界"异彩纷呈。沿着展线，从青花、釉里红、五彩、斗彩，到杂釉彩、素三彩、颜色釉，眼观五色，目不暇接。色彩纷繁，正是成化御窑瓷器的一大特色，有学者称其成就了中国陶瓷史上的第一次色彩革命。

颜色既多，搭配不当，反而容易过犹不及，用力过猛便如浓妆艳抹，操作不当恰似庸脂俗粉。成化瓷器则绝无此弊。这与成化瓷器的另外两个特色颇有关系。一是用色清淡。以大家熟知的青花为例，若将成化青花（图1）与永乐、宣德青花，嘉靖、万历青花对比，便可知成化青花发色具有明净素雅的特点。青花色泽的差异一般可归结为青料矿石来源不同。永乐、宣德年间用进口自中东的"苏麻离青"，成化、弘治年间则用江西乐平市的"平等青"，典型的嘉靖至万历年间青花则用江西省上高县的"石子青"。各朝对原料的选取在一定程度上受制于资源，然而归根结底，御窑瓷器的生产，还是受命于各朝皇帝。皇帝的品位自然极大地影响了历朝

图1 成化青花瓷
　　　故宫博物院藏

瓷器的审美取向。事实上，成化瓷器用色清淡的特色，是此朝瓷器的一贯风格，并不只见于青花。纵然是色彩略显稠腻的杂釉彩瓷器，相较于其他各朝，也更有清丽娇态。

另一个让成化瓷器不染俗尘的特色，则是器骨轻俏。这一特色可分为两方面来看，一是成化御窑精于生产娇小薄俏器物。明天启年间，谷应泰《博物要览》有记："成窑上品，无过五彩葡萄撇口扁肚把杯、式较宣杯妙甚。次若草虫可口子母鸡劝杯、人物莲子酒盏、草虫小盏、青花纸薄酒盏、五彩齐筋小碟、香盒、各制小罐，皆精妙可人。"此段对成窑上品的描述，屡见"小""薄"，固可知成窑趣味。对照所见实物，名震一时的斗彩鸡缸杯，一般高不过4厘米；而斗彩"天"字罐，通常高不过10厘米，皆属精巧小器。另一方面，即便是历朝常见的碗盘，相较之下，成化御窑产品也更觉薄俏。展览中不乏沿袭前朝正常尺寸的碗盘，然经成化御窑洗练，如同脱胎换骨，轻巧之态，但若美人香消玉减。

鸡缸杯大约算是成化瓷器特色的登峰造极之作，明代晚期以来，在文人著述之中，其地位不断攀升。说起鸡缸杯，内地藏家2014年于香港苏富比以2.8亿元拍得一件之后，曾用它喝茶。实际上，明郭子章《豫章陶志》有云："成窑有鸡缸杯，为酒器之最。"可见鸡缸杯当为酒器。成化官窑器中，酒器很多，综合传世品与出土物，各类不同纹饰的饮酒小杯接近40种，十分丰富。"天"字罐小巧玲珑，状若茶叶罐，但据考证似也应为酒器，做贮酒之用。据《汉书·食货志》："酒者，天之美禄。"至宋，酒又有"天禄大夫"之称。罐底所做"天"字或正当此解。

鸡缸杯、"天"字罐（图2）均为斗彩瓷器精品。成化瓷器中，当以斗彩瓷器声誉最高。何为斗彩？若细看展览便可观察得知，斗彩是一种将釉下青花和釉上彩绘相结合的装饰方法。釉上釉下色彩隔釉呼应，极具立体感，大约可被视作瓷器肉眼3D效果的早期尝试。不过，成化时还有一种青花五彩，装饰方法类似，那么和斗彩又有何区别？展览中展示了一件景德镇出土的淡描青花鸡缸杯（图3），揭示了答案。在这件鸡缸杯上，已经用青花完成了整体图案的绘制，图绘骨架已成。但由于第一遍烧成时发生

图 2　斗彩天马纹"天"字罐
　　　故宫博物院藏

图 3　淡描青花鸡缸杯（斗彩半成品）
　　　景德镇市珠山出土
　　　景德镇市陶瓷考古研究所藏

变形，因此未来得及进行釉上彩绘便遭淘汰。这个例子表明，斗彩瓷器的未施彩的半成品纹饰，是一幅完整淡描青花图案，而"青花五彩"中，釉下青花仅作为局部的一种颜色被使用，并不贯穿于整个图像之中。

将故宫的传世收藏与景德镇新出土遗物对比展览，是近年来故宫明代御窑陶瓷系列展的一大特色。陶瓷考古近代兴起以来，为众多流传于世的名瓷找到了故乡。而通过考古对瓷器生产场所众多废弃品的爬梳，也使得今人有机会通过那些因种种原因而被半路遗弃的孪生瓷兄瓷弟，了解御窑瓷器的重要特征和生产的关键流程。景德镇出土的淡描青花鸡缸杯、青花高士图杯，均为斗彩作品的半成品，展览中特将馆藏完整器与之相对而列，宛如两件器物间放上一面过滤"妆奁"的镜子，让旁观者一眼看透彩瓷的当日素颜，意趣盎然。而瓷器生产流程的时间线索，也由此昭然若揭。对比之下，当日生产时间流动的浓缩凝固，窑火之中瓷坯命运的偶然选择，500 年珍藏与 500 年遗落的久别重逢，均被框在展柜既定的狭小空间之中，一个时代宫廷艺术的缩影若隐若现。

明清时代，皇帝权力极大膨胀。一朝民生疾苦，是皇帝执政能力的反映；而一代宫廷艺术的面貌，则是皇帝文化气质的体现。成化御窑瓷器娇态如此，冠绝古今，自然与成化皇帝明宪宗"脱不了干系"。从正史来看，与洪武、永乐皇帝的雄才大略或嘉靖、万历皇帝的昏庸无道相比，成化皇帝则显得比较平庸。虽然他统治前期为于谦平反，任用商辂等贤臣，但给人们留下记忆最深的，大概还是他建立的西厂特务机构和他与万贵妃跨越17岁年龄差的姐弟恋。成化皇帝虽然怠于朝政，但在文艺方面却颇有天分，他雅好书画（图4），书风姿媚清劲，主要受到明代书法家沈度的影响。从《明实录·宪宗实录》来看，成化帝对御窑瓷器的生产投资甚多。而会逢江西灾年，民不聊生，谏臣奏请停烧以赈灾的提议，均遭到成化帝的驳回或敷衍。此类记载一再出现，可见成化帝对御瓷生产极为关注。对照成化书画作品与成窑瓷器珍品，物件虽不相同，但却有着同样淡雅的"小清新"气质。斯人已逝，玩物尚在，一代皇帝的文艺心怀悠悠宛在眼前。

皇帝远在北京，纵然其满腹文艺才华，又如何影响远在千里之外的景德镇瓷器生产呢？又是一系列略显复杂的问题，不易索解。幸而，斋宫诚肃殿的"明清御窑瓷器考古新成果展"，尝试带领我们层层揭开这个谜底。

图4 成化皇帝《一团和气图》轴自识

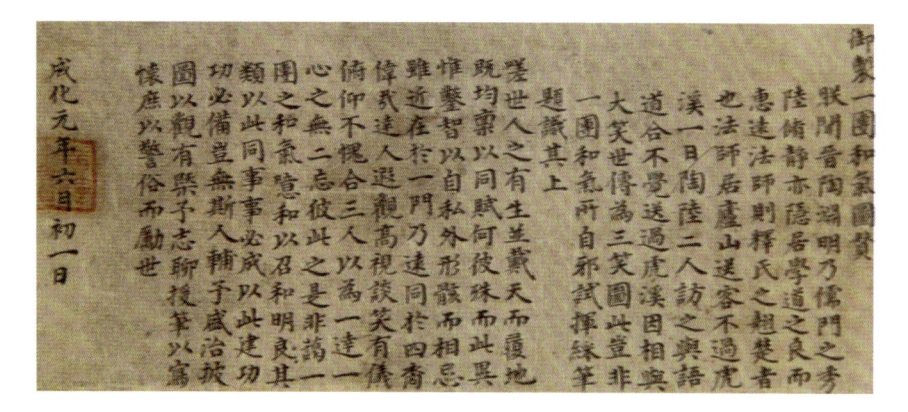

二、层累的瓷器——明清御窑瓷器考古新成果展

御窑，顾名思义，是皇家窑场。与之相对应的概念则是民窑。从瓷器来看，御窑与民窑瓷器的差别显而易见。从瓷器的胎、釉、形、彩四个方面来看，御窑产品均更胜一筹。虽然无论御窑、民窑，瓷器的生产流程基本一致，但关键环节管理方法的不同造成了产品质量的差异。

从制度上来看，明清时期在景德镇设立御窑厂，并由中央派驻朝廷官员或宦官予以管理。御窑厂的生产直接受命于工部或内府。换句话说，中央政府通过在景德镇设立窑场、派驻官员的方式对御窑生产进行系统管理，而这样的管理方式，便于宫廷传达旨意。为了实现宫廷对瓷器的设计，还可以通过颁发瓷器样本，工匠照样本制作的方法，来直接参与瓷器的生产过程。以成化时期为例，派驻景德镇督窑的官员就是宦官。宦官为内廷官员，能够更为忠实地贯彻皇帝的意志。而据文献载："成化间，遣中官之浮梁景德镇，烧造御用瓷器，最多且久，费不赀。"文献中未言明的主语，当为成化皇帝。成化皇帝既然不惜工本烧造瓷器，想必在瓷器设计方面投入的心血也不少，派身边宦官予以督窑，显然能够更好地执行皇帝本身的意志。在这套管理体制之下，只要皇帝本身愿意，他对瓷器的形塑，显然具有决定性的影响。

文献对宫廷管理窑场虽有记录，但不成系统，仍需实物材料补足相应的信息。展览之中，特意展示了故宫旧藏的清代制样样本（图5）。实际上，在中国古代官府手工业史上，至迟从唐代开始，就已经有内府下发官样规范生产的例子。除了纸版绘制样本之外，应当还有实物类样本。明代瓷器生产从洪武时期开始即有"定夺样制"的规定。据史载，正德时期瓷器生产，就有以宣德时期瓷器为样本的情况。官样制度背后体现的是一套官府对于手工业制造的标准，而这套标准的制定群体，包括了自小受到良好教育的皇帝，和国家优选的高素质艺术人才，体现了当时中国工艺美术的最

图 5　清瓷器纸样展板
左：青凤白地瓷罐纸样
右：五彩瓷啖盒纸样

高水平。因此，这套标准正是让御窑瓷器鹤立鸡群的重要原因。

　　明代政府对御窑瓷器的严格管控，使得民间窑场难以仿制。据研究，御窑瓷器的使用方式仅有三种，分别为宫廷使用、对内赏赐、外交使用。在目前出土的众多明代藩王墓中，御窑瓷器也极为少见，可见管控之严。而如若督窑官员执行不力或恶意贪污，惩罚也极为严厉。据《明实录·宣宗实录》，督窑太监张善，便因为"所造御用瓷器多以分馈其同列"而被就地斩首。政府对御窑瓷器的强力控制，还体现在对落选品、残次品的处理方法上。

　　政府对御用瓷器要求甚高，瓷器生产稍不如意，便会落选。展览中展示有多件出土落选品，若非定睛细看，很难看出瑕疵来。落选原因多种多样。有的是因为器形不正：在窑中烧制时，装窑稍不注意，或火候把握不好，很容易让窑炉中某些位置的瓷坯发生变形。有的则是因为发色稍有偏差：这与窑炉中的烧造气氛的控制有直接关系。还有一些情况令人扼腕，譬如将五爪龙纹错绘为四爪、六爪龙纹，直到烧成才被发现，从而落选。明代器物若归于落选行列，则此后的命运极为"惨烈"。从洪武到弘治时期，落选品均需打碎处理。洪武至宣德时期尚挖坑集中掩埋，正统到弘治时期则随窑业垃圾倾倒,死无葬身之地。嘉靖时期之后,大约觉得如此过于"惨无瓷道",因此将落选品存于库房,不得外泄。至雍正时期,可能库房土地也变得寸土寸金,政策方才放宽,除了几个特殊品种之外,其他落选品均可变卖或赐人。

残次品因瑕疵而被打碎,尚在情理之中。而有一些成品质量甚高,也被"冤杀",原因为何?御窑瓷器生产既然受到官府的严格管控,其在经济组织上就更多表现出计划经济的特征。每次烧造除在质量上精益求精以外,还制定有详细的数量要求。由于瓷器生产存在不确定性,而烧造瓷器又有预算无决算,为了保证完成数量,监烧的官员往往多烧瓷器,以确保有足够成品。这就使得每次生产均有所富余,而多出来的瓷器既不可外卖生利,留着万一流入民间又是杀身之祸,还不如打碎了干净。因此今天景德镇御窑厂遗址中也出土有这些被"冤杀"的瓷器(图6),其中一些质量甚至超过被选入宫廷的瓷器。

图6 被"冤杀"的瓷器

对于瓷片集中掩埋加以管控的做法，不仅见于景德镇的生产一端，甚至延续至宫廷的消费端。2014年，故宫博物院在开展内部消防管道工程时，于南大库区域发现瓷片坑，出土明清瓷片数万片，发掘者判断此坑年代为光绪时期。在清代库房位置发现如此集中的瓷片埋藏坑，应当是人为结果。而这种情况表明，在御窑瓷器的消费末端，在使用过程中出现残损器物时，仍然需要在宫中进行处理，而不可流出宫外。从景德镇和故宫两地的考古发现，我们可以得知，景德镇御窑瓷器从生产到消费形成了严密的封闭系统。而这套严格、封闭的管理体系，保障了御窑瓷器的高质量生产。

　　瓷器的生产、流通与消费，是一个动态流程。每一个环节，均会有其不同的断面景象。展览中若仅有传世成品，则只能呈现给观众瓷器成品的辉煌遗韵。"明清御窑瓷器考古新成果展"显然意图突破。故宫此次策展，将故宫丰富的馆藏和近两年来世所瞩目的故宫、景德镇考古成果相结合，试图分"层"展现御窑瓷器多个环节的断面，以展线逻辑展示御窑瓷器制度下瓷器生产的动态过程。考古出土的半成品与宫中所藏成品的比对（图7），互为镜像，生产过程中的层次一览无余。景德镇出土物与故宫出土物，原分属瓷器"生与死"的两头，此次共展，又相映成趣、共振佳音。考古学的方法，原是通过地层的相对位置，来分辨相对年代，揭示时代特征。此次展览不仅充分运用了考古资料，更将考古学方法的这一隐喻用在了对御窑瓷器从无到有、由简而精、层层淘汰的诞生遴选过程中。在较为

图7　半成品与成品

宏观的层面上，展览单元也通过层层递进的推演方式，揭示了一枝独秀瓷都称霸格局的形成过程，使展览达到了高潮。

成化是御窑瓷器生产的精彩时段，后世的推崇更将成化瓷器推向难以逾越的神坛。延禧宫深，神坛上宏大画卷已展开待观，数百年前成化皇帝内心的清雅追求于一器一物之上丰满再现。而当日帝王之心，层层递推，但将饶州御土，幻化为一捧晶莹灿烂，怎堪乱花渐欲迷人眼。幸而半尺手铲，层层瓷片，越过"宫""窑"地面，"孪生子"再聚诚肃殿前，凝望镜中花黄叹素颜。

相关图录

　　故宫博物院、景德镇市陶瓷考古研究所：《明代成化御窑瓷器：景德镇御窑遗址出土与故宫博物院藏传世瓷器对比》，故宫博物院，2016年。

延展阅读

　　吕成龙：《明成化朝御窑瓷器简论》，《故宫博物院院刊》，2016年第4期，第26—36页。

　　王光尧：《中国古代官窑制度》，紫禁城出版社，2004年。

图片来源总览

壹 你的样子

中华的模样

图1　墙壁的地层设置　（自摄）

图2　悬挂的透明条目　（自摄）

图3　"美·好·中华"　（自摄）

图4　彩陶盆　庙底沟遗址出土　（自摄）

图5　从具体图案到抽象图案（引自尚刚：《中国工艺美术史新编》，第26页，图1.28、图1.29，高等教育出版社，2015年第2版）

图6　玉猪龙　牛河梁红山文化遗址出土　（自摄）

图7　铜瓿　大司空村遗址出土　（自摄）

图8　青铜鼎　大司空村遗址出土　（自摄）

图9　西周早期青铜觥　湖北叶家山曾侯墓地出土　（自摄）

图10　蹀躞金玉带　扬州隋炀帝陵出土　（自摄）

图11　刻花双鱼纹折沿盆　龙泉大窑枫洞岩遗址出土　（自摄）

图12　青白釉弥勒佛像　集宁路古城遗址出土　（自摄）

图13　汉唐展厅上方的剪影　（自摄）

图14　宋元明清展厅的船影　（自摄）

帝国时代的开启

图1　秦兵马俑　秦始皇陵兵马俑1号陪葬坑出土　（自摄）

图2　秦战袍将军俑　秦始皇陵兵马俑1号陪葬坑出土　（自摄）

图3　秦诏陶量　山东邹城纪王城出土　（自摄）

图4　秦青铜诏铁权　甘肃省天水市秦城区出土　（自摄）

图5　新朝始建国元年（公元9年）青铜方斗　中国国家博物馆藏　（自摄）

图6　西汉陶马　江苏省徐州市羊鬼山汉墓出土　（自摄）

图7　东汉青铜马及牵马俑　四川省绵阳市何家山2号崖墓出土　（自摄）

图8　西汉长信宫灯　河北省满城汉墓M2出土　（自摄）

图9　窦绾金缕玉衣　河北省满城汉墓M2出土　（自摄）

图10　彩绘多枝陶灯　河南省济源市桐花沟10号汉墓出土　（自摄）

图11　云纹玉高足杯　陕西省西安市秦阿房宫遗址出土　（自摄）

图12　西王母陶座青铜摇钱树　四川广汉市万福镇出土　（自摄）

图13　青铜骑兽人物博山炉　河北省满城汉墓M2出土　（自摄）

图14　马蹄金　江西省南昌市海昏侯墓出土　（自摄）

图15　鎏金青铜双人盘舞扣饰　云南省晋宁石寨山13号墓出土　（自摄）

图16　鎏金青铜骆驼形钮钟架构件　江西省南昌市海昏侯墓出土　（自摄）

图17　鎏金青铜座银盒　江苏省盱眙县大云山江都王陵M1出土　（自摄）

画中的"三观"

图1　斗牛搏虎图　南阳市汉画馆藏　（自摄）

图2　斗牛搏狮图　南阳市汉画馆藏　（自摄）

图3　手搏　南阳市文物考古研究所藏　（自摄）

图4　宴居图　萧县博物馆藏　（自摄）

图5　舞乐图　南阳市汉画馆藏　（自摄）

图6　楼宇栉比图　徐州汉画像石艺术馆藏　（自摄）

图7　马王堆汉墓T形帛画线图（引自湖南省博物馆、中国科学院考古研究所：《长沙马王堆一号汉墓》，第40页，图三八，文物出版社，1973年）

图8　泗水捞鼎　青岛汉画像砖博物馆　（自摄）

图9　阳乌图　南阳市汉画馆藏　（自摄）

图10　武梁祠后壁拓片　山东石刻艺术博物馆藏　（自摄）

图11　武梁祠西壁拓片　山东石刻艺术博物馆藏　（自摄）

图12　武梁祠东壁拓片　山东石刻艺术博物馆藏　（自摄）

从寻宝到寻真

图1　晋侯鸟尊　晋侯墓地出土　（自摄）

图2　1922年北京大学国学门同事合影展板　（自摄）

图3　晋侯鸟尊铭文（引自上海博物馆编：《晋国奇珍：晋侯墓地出土文物精品》，第51页，上海人民美术出版社，2002年）

图4　未被盗走的晋侯编钟　晋侯墓地出土　（自摄）

图5　石磬　甘肃礼县大堡子山遗址出土　（自摄）

图6　甬钟　甘肃礼县大堡子山遗址出土　（自摄）

图7　车舆栏板装饰　甘肃张家川马家塬墓地出土　（自摄）

图8　金腰带饰　甘肃张家川马家塬墓地出土　（自摄）

图9　虎形金箔　甘肃张家川马家塬墓地出土　（自摄）

图10　寻真展序厅大事记时间轴展板　（自摄）

图11　河南邓州八里岗遗址出土遗物　（自摄）

图12　河南邓州八里岗遗址出土排房平面图展板　（自摄）

后现代主义的城市

图1　中轴线直指展览尽头　（自摄）

图2　大都平面图上的日月星辰天幕　（自摄）

图3　日常生活器皿　（自摄）

图4　元上都航拍平面图展板　（自摄）

图5　瓷戏台人物纹枕　首都博物馆藏　（自摄）

图6　重新粘起的出土元青花大盘　内蒙古托克托县出土　（自摄）

贰 走四方

中原的声音

图1　骨笛　河南汝州中山寨遗址下层出土　（自摄）

图2　兔形陶埙　河南郑州卺冕王遗址出土　（自摄）

图3　甲骨文"磬"字　（自摄）

图4　青铜乐钟一组　河南新郑金城路祭祀坑出土　（自摄）

图5　兽面纹铜编铃　河南三门峡市虢国墓地2001号墓出土　（自摄）

图6　青铜镈的发展脉络图展板　（自摄）

图7　编磬　河南陕县后川2041号墓出土　（自摄）

图8　灰陶尊　河南济源辛庄出土　（自摄）

图9　散乐雕砖　河南温县西关宋墓出土　（自摄）

越地长歌

图1　新石器时代猪纹陶钵　余姚河姆渡遗址出土　（自摄）

图2　新石器时代玉琮王　余杭反山遗址12号墓出土　（自摄）

图3　玉琮王神人兽面像（引自浙江省博物馆：《越地宝藏：100件文物讲述浙江故事》，第49—50页，文物出版社，2018年）

图4　春秋青铜甬钟　绍兴塔山出土　（自摄）

图5　春秋伎乐铜屋　绍兴坡塘306号墓出土　（自摄）

图6　战国越王者旨於睗剑　浙江省博物馆藏　（自摄）

图7　西晋越窑青瓷鸡首壶　余姚肖东五金墩出土　（自摄）

图8　南宋龙泉窑青瓷象钮盖罐　丽水下仓村李垔妻姜氏墓出土　（自摄）

图9　五代鎏金银阿育王塔　杭州雷峰塔地宫出土　（自摄）

图10　北宋明道二年（1033年）刻本《大悲心陀罗尼经》局部　瑞安慧光塔出土　（自摄）

图11　明宣德七年（1432年）金书《妙法莲华经》　平湖报本塔塔刹出土　（自摄）

图12　金书《妙法莲华经》卷末题记　（自摄）

图13　南宋对襟双蝶串枝菊花纹绫衫　台州黄岩区南宋赵伯澐墓出土　（自摄）

图14　投龙玉璧　台州黄岩区南宋赵伯澐墓出土　（自摄）

图15　水晶璧　台州黄岩区南宋赵伯澐墓出土　（自摄）

图16　银鎏金凤凰纹花头簪一副　浦江白马镇高爿窖藏出土　（自摄）

图17　南宋金首饰一组　湖州三天门宋墓出土　（自摄）

图18　元赵孟頫《吴兴赋》局部　浙江省博物馆藏　（自摄）

图19　明王守仁《客座私祝》局部　余姚市文物保护管理所藏　（自摄）

在天路上

图1　新石器时代晚期双体陶罐　昌都卡若遗址出土　（自摄）

图2　新石器时代三角折线纹夹砂黄陶罐　昌都卡若遗址出土　（自摄）

图3　新石器时代晚期陶塑猴面　拉萨曲贡遗址出土　（自摄）

图4　早期金属时代铁柄铜镜　拉萨曲贡遗址出土　（自摄）

图5　3世纪黄金面具　阿里地区曲踏墓地出土　（自摄）

图6　3世纪天珠　阿里地区曲踏墓地出土　（自摄）

图7　3世纪"王侯"文鸟兽纹织锦　阿里地区噶尔县故如甲木墓地出土　（自摄）

图8　清铜鎏金松赞干布及二妃像　扎什伦布寺藏　（自摄）

图9　清铜鎏金莲花生大师像　首都博物馆藏　（自摄）

图10　清铜鎏金阿底峡大师像　布达拉宫管理处藏　（自摄）

图11　11—13世纪噶当塔　西藏博物馆藏　（自摄）

图12　明永乐年施刺绣大威德金刚唐卡　大昭寺藏　（自摄）

图13　清布画人体经络图唐卡　西藏博物馆藏　（自摄）

图14　元大元帝师统领诸国僧尼中兴释教之印　西藏博物馆藏　（自摄）

图15　元宣政院印章　西藏博物馆藏　（自摄）

图16　元白兰王金印（复制品）　西藏博物馆藏　（自摄）

图17　元龙泉窑竹节高足杯　布达拉宫雪域珍宝馆藏　（自摄）

图18　明缂丝大慈法王唐卡（复制品）　罗布林卡藏　（自摄）

图19　清布画五世达赖喇嘛阿旺·洛桑嘉措传记唐卡　西藏博物馆藏　（自摄）

图20　掣签金瓶展板　（自摄）

三晋的色彩

图1　娄叡墓壁画（局部）（引自上海博物馆：《百代过客:山西博物院藏古代壁画艺术精品集》，上海书画出版社，第77页，2017年）

图2　娄叡墓壁画（局部）（引自上海博物馆：《百代过客:山西博物院藏古代壁画艺术精品集》，上海书画出版社，第78页，2017 年）

图3　朔州水泉梁北齐壁画墓（局部）（引自上海博物馆：《百代过客:山西博物院藏古代壁画艺术精品集》，第93页，上海书画出版社，2017年）

谁的宝贝

图1　虎钮"永昌大元帅"金印　（自摄）

图2　长沙府"岁供王府"五十两金锭　（自摄）

图3　各类金簪　（自摄）

图4　明廷册封荣王朱载壒金册　（自摄）

图5　张献忠册封嫔妃金册　（自摄）

图6　篙杆头　江口古战场遗址出土　（自摄）

图7　藏银木鞘　江口古战场遗址出土　（自摄）

图8　明税银、饷银　江口古战场遗址出土　（自摄）

图9　《大西骁骑营都督府刘禁约》碑拓片展板　（自摄）

图10　围堰考古工地俯瞰展板　（自摄）

图11　"大地鹰"智能化测绘无人机　（自摄）

图12　博物馆展厅中四面沉浸式投影区域展示3D模型　（自摄）

河西走廊的历史重影

图1　人形彩陶罐　四坝文化　（自摄）

图2 变体神人纹彩陶瓮 马家窑文化马厂类型 （自摄）

图3 写实鱼纹彩陶盆 大地湾二期文化 （自摄）

图4 变体鱼纹彩陶盆 大地湾二期文化 （自摄）

图5 青铜刀 林家遗址出土 （自摄）

图6 西周兽面纹青铜鼎 （自摄）

图7 青铜空首斧 四坝文化 （自摄）

图8 西周勾珥铜簋 （自摄）

图9 秦子青铜镈钟 大堡子山遗址出土 （自摄）

图10 窃曲纹垂麟鼎 礼县赵坪村圆顶山秦墓出土 （自摄）

图11 高浮雕兽面纹金带扣 马家塬战国墓地出土 （自摄）

图12 北魏泥塑菩萨立像 麦积山石窟第76窟 （自摄）

图13 北魏供养人刺绣画残片 敦煌第125—126窟出土 （自摄）

图14 西汉彩绘木马 武威磨咀子汉墓出土 （自摄）

叁 无问西东

胡不归

图1 明克拉克瓷 （自摄）

图2 清五彩瓷器 （自摄）

图3 清青花描金山水楼阁杯碟 （自摄）

图4 酱釉开光粉彩花卉纹茶具 （自摄）

图5 《诸神的盛宴》（复制品） 原件藏于美国华盛顿国家美术馆 （自摄）

图6 西方人物肖像纹章盘 （自摄）

图7 英格兰城市纹章盘 （自摄）

图8 广彩开光人物故事图碗 （自摄）

亚洲内海

图1　海上丝绸之路整体空间示意图展板　（自摄）

图2　元龙泉窑青瓷盘　福建大练岛沉船出水　（自摄）

图3　南宋黑釉瓷器　福建"半洋礁1号"沉船出水　（自摄）

图4　元磁州窑褐彩龙凤纹罐　绥中三道岗沉船出水　（自摄）

图5　沉船残骸模型及船体投影　（自摄）

图6　元广州市舶提举司碑拓片　（自摄）

图7　至元通行贰贯宝钞　青海出土　（自摄）

图8　元铜权　广东省博物馆藏　（自摄）

图9　展览第三单元序厅展板　（自摄）

图10　元龙泉窑鬲式炉、高足杯　樊村泾遗址出土　（自摄）

图11　元龙泉窑瓜棱荷叶盖罐　樊村泾遗址出土　（自摄）

图12　元龙泉窑奁式炉　樊村泾遗址出土　（自摄）

图13　宋景德镇青白瓷熏炉和执壶　（自摄）

图14　元钧窑（左、中）、龙泉窑（右）香炉　（自摄）

巨镇风流

图1　鹦鹉衔枝绶带纹铜镜　（自摄）

图2　青龙寺与青龙塔　（引自上海博物馆：《千年古港：上海青龙镇遗址考古精粹》，第22页，上海书画出版社，2017年）

图3　铅贴金阿育王塔　（自摄）

图4　铜瓶和舍利　（自摄）

图5　木贴金卧佛像（引自上海博物馆：《千年古港：上海青龙镇遗址考古精粹》，第126页，上海书画出版社，2017年）

图6　龙泉窑划花碟　（自摄）

图7　长沙窑腰鼓　（自摄）

明明异彩纷呈，何来"千山共色"？

图1　通天洞打制石核　（自摄）

图2　金饰　（自摄）

图3　翼兽铜环　（自摄）

图4　玛瑙串饰　（自摄）

图5　青铜武士像　（自摄）

图6　营盘男子　（自摄）

图7　营盘男子的靴　（自摄）

图8　营盘男子冥衣　（自摄）

图9　北朝时期蓝地猪头纹锦覆面　（自摄）

图10　北朝时期《妙法莲华经》写本局部　（自摄）

图11　东汉李崇之印　（自摄）

图12　卓尔库特城址航拍图展板　（自摄）

图13　西晋时期《三国志·吴书·孙权传》写本残卷　（自摄）

图14　唐美女屏风画展板　（自摄）

图15　十六国时期骨博具　（自摄）

图16　唐生肖鸡俑　（自摄）

在那遥远的地方

图1　壁画《花神芙罗拉》　意大利那不勒斯国家考古博物馆藏　（自摄）

图2　三星堆铜人头像　中国国家博物馆藏　（自摄）

图3　男青年青铜雕像　意大利那不勒斯国家考古博物馆藏　（自摄）

图4　蜻蜓眼玻璃珠　湖南省博物馆藏　（自摄）

图5　雅典娜大理石雕像　意大利罗马蒙特马尔蒂尼中心博物馆藏　（自摄）

图6　"蓬莱一号"古船模型　上海中国航海博物馆藏　（自摄）

图7　景德镇窑青白釉刻划花花卉纹浅腹碗　"南海一号"沉船出土　中国国家博物馆藏　（自摄）

图8　陶俑一组　内蒙古博物馆藏　（自摄）

图9　元后妃、太子相册　故宫博物院藏　（自摄）

图10　双凤麒麟纹石雕（复制品）　原件藏于中国国家博物馆　（自摄）

图11　"至元通行宝钞"铜钞版　广东省博物馆藏　（自摄）

图12　马可·波罗去世时的财产清单（复制品）
　　　原件藏于意大利威尼斯国家档案馆　（自摄）

图13　着蒙古装的马可·波罗（1816年复制品）
　　　意大利威尼斯科雷尔博物馆藏　（自摄）

图14　元景德镇窑青花双凤纹玉壶春瓶　中国国家博物馆藏　（自摄）

图15　永乐青花缠枝莲纹碗　中国国家博物馆藏　（自摄）

图16　美第奇软瓷罐　意大利那不勒斯马提纳公爵博物馆藏　（自摄）

图17　彩绘持壶西域人俑　中国国家博物馆藏　（自摄）

肆　何以CHINA

幻彩茶思

图1　茶碾　（自摄）

图2　茶盘　（自摄）

图3　风炉与䥽　（自摄）

图4　《茶经》展板　（自摄）

图5　墓中出土银头饰　（自摄）

图6　三彩宝相花纹三足盘　（自摄）

图7　印模　（自摄）

图8　三叉支钉　（自摄）

图9　巩义窑白瓷　（自摄）

图10　"唐青花"　黑石号出水　（自摄）

图11　白釉绿彩瓷器　黑石号出水　（自摄）

秘色人间无

图1　《衣物账》碑文（引自陕西省考古研究院等：《法门寺考古发掘报告》，彩版二〇三，文物出版社，2007年）

图2　越窑瓷器　（自摄）

图3　秘色瓷　后司岙窑址出土　（自摄）

图4　秘色瓷浮雕盘龙纹罂　钱元瓘墓出土　（自摄）

图5　秘色瓷瓜棱盖罐　康陵出土　（自摄）

图6　越窑刻云鹤纹盒　北宋元德李后陵出土　（自摄）

图7　青瓷执壶　辽圣宗贵妃墓出土　（自摄）

图8　后司岙考古三维影像　（自摄）

图9　秘色瓷匣钵　后司岙窑址出土　（自摄）

图10　秘色瓷花式盒盖（左）、盏（中）、花口盏（右）　后司岙窑址出土　（自摄）

图11　秘色瓷的支烧痕迹　（自摄）

宋磁の美

图1　金缮汝瓷小盏　（自摄）

图2　北宋龙泉窑淡青釉瓷壶　（自摄）

图3　五代黄堡窑瓷器　（自摄）

图4　北宋耀州窑刻花矮梅瓶　（自摄）

图5　汝州东沟窑单柄洗　（自摄）

图6　钧窑小盏　（自摄）

图7　南宋龙泉窑凤耳花瓶　（自摄）

图8　北宋定窑银釦刻花莲纹洗　（自摄）

图9　金代定窑银釦印花花鸟纹盘　（自摄）

图10　南宋吉州窑黑釉木叶纹盏　（自摄）

谜之哥窑

图1　哥窑瓷器上的"金丝铁线"　故宫博物院藏　（自摄）

图2　米黄釉葵口折沿盘三件　故宫博物院藏　（自摄）

图3　黑胎青瓷　浙江省龙泉市小梅镇瓦窑路窑址出土　（自摄）

图4　瓷片　杭州老虎洞窑址元代地层出土　（自摄）

图5　左：官窑灰青釉贯耳瓶　元任仁发家族墓出土

　　　中：哥窑灰青釉葵口盘　汪兴祖墓出土

　　　右：哥窑灰青釉贯耳瓶　故宫博物院藏　（自摄）

图6　黑胎青瓷　浙江省龙泉市小梅镇瓦窑路窑址出土　（自摄）

图7　乾隆款仿哥釉鼓式罐　故宫博物院藏　（自摄）

龙泉天下

图1　北宋龙泉窑盘口瓶、花瓶、盖罐　（自摄）

图2　南宋龙泉青瓷斗笠碗　（自摄）

图3　龙泉窑青瓷残件　临安城出土　（自摄）

图4　元龙泉青釉葫芦瓶　（自摄）

图5　明龙泉窑刻花折沿盘　（自摄）

图6　龙泉窑青釉刻"沙阿·阿巴斯"铭凤尾尊　（自摄）

图7　伊朗仿龙泉青绿釉刻划花草纹菱花口折沿盘　（自摄）

孪生与镜像

图1　成化青花瓷　故宫博物院藏　（自摄）

图2　斗彩天马纹"天"字罐　故宫博物院藏　（自摄）

图3　淡描青花鸡缸杯（斗彩半成品）　景德镇市珠山出土

　　　景德镇市陶瓷考古研究所藏　（自摄）

图4　成化皇帝《一团和气图》轴自识（引自吕成龙：《明成化朝御窑瓷器简论》，《故宫博物院院刊》2016年第4期，图一）

图5　清瓷器纸样展板　（自摄）

图6　被"冤杀"的瓷器　（自摄）

图7　半成品与成品　（自摄）

后　记

《看展去》是我 2016—2019 年间观展文字的结集。大多数文字并非展览评论，而更近似于对各个展览的导读。在我的经验里，在展厅中徜徉，所带来的更多的是感官经验，而其背后的故事和设计者的巧思，如无相关的专业经验或观展后相关材料阅读，往往难以体会。当奚牧凉师弟将我引荐给《北京青年报》的史祎老师和《中国之韵》的杨剑老师时，我想，我或许可以在这个方面略尽绵力。

此书结集出版，对我有两重意义。

我的本科专业是博物馆学，但之后所做的研究和博物馆学关系不大。正因如此，对于自己的这段历史，我一直缺少某种仪式感。想要对本科阶段的学习有所交代，我力所能逮的，或许是走进博物馆，做一些力所能及的工作。如今《看展去》得以出版，或可迟到地弥补这一遗憾。

写作这些文章的第二重意义，是回应自己对于公众考古的执念。2009 年保研后，经李水城老师介绍，和邓振华、黄莉等同学一起，跟随当时任职于中国文化遗产研究院的范佳翎师姐做关于公众考古的项目。在参与项目的过程中，我逐渐认识到，公众考古的实践至关重要，其为公众考古研究理论、方法的重要源泉之一。正因如此，如何在公众考古的实践方面有所作为，一直是我关注的问题。《看展去》中的文章，便是我在众多同道帮助下进行的一种尝试。希望借助这些文字，帮我们的纳税人了解：考古文博这个行业，上天入地，费了许多工夫，到底在搞些什么，又搞出了些什么。

  本书的出版，要特别感谢扬之水老师的大力帮助。扬之水老师于报端阅读这些文章之后，不仅多次鼓励我写作，更将我引荐给广西师范大学出版社，促成了此书的出版，并惠允为本书撰序。另外，还要感谢奚牧凉师弟最初的引荐，史祎、杨剑两位老师长期的信任。同时，感谢编辑老师为此书付出的大量心血。谨致谢忱。

丁　雨

2020 年 11 月

看展去：博物馆里的中国与世界

KAN ZHAN QU: BOWUGUAN LI DE ZHONGGUO YU SHIJIE

图书在版编目（CIP）数据

看展去：博物馆里的中国与世界 / 丁雨著. --桂林：广西师范大学出版社，2022.5

ISBN 978-7-5598-4820-8

Ⅰ. ①看… Ⅱ. ①丁… Ⅲ. ①博物馆—历史文物—中国—文集 Ⅳ. ①K87-53

中国版本图书馆CIP数据核字（2022）第042624号

广西师范大学出版社出版发行

广西桂林市五里店路9号　邮政编码：541004

网址：http://www.bbtpress.com

出版人：黄轩庄

全国新华书店经销

天津图文方嘉印刷有限公司印刷

天津宝坻经济开发区宝中道30号

邮政编码：301800

开本：710 mm × 1000 mm　1/16

印张：16.25　字数：143千

2022年5月第1版　2022年5月第1次印刷

印数：0 001~8 000册　定价：88.00元

如发现印装质量问题，影响阅读，请与出版社发行部门联系调换。